Лариса
Larisa

Поэтические дневники

Тетрадь 2

Филадельфия 2011
Philadelphia 2011

«Наполняйся колодец» (Числа 21:17).

Поэтические дневники

Тетрадь 2

Лариса Хоменко

AuthorHouse™
1663 Liberty Drive
Bloomington, IN 47403
www.authorhouse.com
Phone: 1-800-839-8640

First published by AuthorHouse   10/20/2011

ISBN: 978-1-4634-2117-5 (sc)
ISBN: 978-1-4634-2116-8 (ebk)

Library of Congress Control Number: 2011910058

Printed in the United States of America

Any people depicted in stock imagery provided by Thinkstock are models, and such images are being used for illustrative purposes only. Certain stock imagery © Thinkstock.

This book is printed on acid-free paper.

ОГЛАВЛЕНИЕ
Table of Contents

Нет ни одной мысли от Бога, которую не стоило бы записать . . . в виде притчи, песни, псалма, стиха, просто строчки в дневнике, ибо: *«Приобретение мудрости гораздо лучше золота, и приобретение разума предпочтительнее отборного серебра» (Притчи 16:16).*

Все стихи и статьи написаны мной, что касается всего остального . . . не везде я претендую на авторство. Некоторые услышанные мысли я просто записала, отредактировала и поместила рядом с откровениями, которые мне доверил Бог лично. Впрочем, всем добрым дарам автор—Бог, без Него ничего бы не состоялось, Ему и слава за все.

От автора

1

У меня часто спрашивают о стихах, как и когда они приходят, как пишутся. Я не всегда знаю сама, как это происходит, но одно могу сказать точно—это Божье чудо и без Бога это было бы никак невозможно, просто никак. Я очень ценю, мне нравится, что Бог выбрал меня Своим исполнителем. Порой не могу успокоить волнение от бесконечной благодарности за то, что по Его драгоценной воле, я стала озвучивать Его мысли и Его слова. Для меня, человека с очень низкой самооценкой то, что я сейчас пишу, совсем недавно было бы совершенным кощунством. Но, к счастью, уже сегодня я научилась отделять ограниченные человеческие (свои) возможности и неограниченные сверхъестественные возможности Бога в человеке, любящем Бога и преданном Ему.

Пишу я давно, сколько себя помню, я что-то пишу. В школе всегда выпускала стенгазету, одна из моих многочисленных общественных нагрузок. Очень жалею, что ни одна из работ этого периода не сохранилась. Всегда писала дневники, в которых, в основном, мудрствовала о жизни, пространно философствовала.

Эдакий крошечный вечно недокормленный послевоенный человечек с заплатами на локтях и пятках, весь в своих мыслях и рассуждениях, получивший в семье кличку «старо» с ударением на последний слог, это я.

Помню, где-то во втором или третьем классе меня «прикрепили» к моей однокласснице, чтобы я ее «подтянула» по всем предметам, и я пришла к ней домой. Родители безнадежно неуспевающей девочки сразу и наповал были сражены моим пристрастием к «умным» словам и оборотам типа «само собой разумеется». Говорила я эту фразу, кстати, неправильно: «Сабо самой разумеется». Смешно. Когда меня поправили, я никак не могла поверить, что была неправа, пыталась спорить и доказывать. Все смеялись, я очень расстроилась, я всегда очень мучительно переживала свои ошибки. Приблизительно тогда я написала свое первое стихотворение, которое, к сожалению, не сохранилось. Но, помню, оно утверждало, что настроение человека не зависит от времени года и погоды, что оно зависит от состояния сердца. Мысль довольно глубокая, не понятно только, что я об этом могла знать в том возрасте. Еще, я очень долго вынашивала тему второго стихотворения, о войне, о последних секундах человека, который понял, что его убили. Я пыталась представить и выразить, как менялась его самооценка, как он вырастал в своих глазах за это мгновение. Насколько я помню, стихотворение так и не было написано. Еще бы, на что замахнулась.

Потом был долгий путь от влюбленности, которая меня вознесла на вершины поэтической романтики, до предательства, которое меня чуть физически не убило. Вехами по всей жизни были расставлены стихи. Разочаровавшись в любви, я стала писать о детях и для детей, это мне очень нравилось. Интересно, в детстве я умничала и философствовала, а потом в зрелом возрасте, вроде как, «впала в детство», такие вот пути. Мне кажется, я просто спряталась в «детские стихи» от жизни.

Бог нашел меня с моей изломанной судьбой и опустошенным сердцем, с моим пристрастием к размышлениям, с моими стихами. Он все расставил на место в моей жизни, Он все взял в Свои руки, и я стала жить для Него. Никогда об этом не пожалела и никогда не пожалею.

Несмотря на то, что я писала всегда, мне все равно хочется сказать, что писать я начала с Богом. С Богом все было новое: новые темы, новые чувства, новые формы, ритмы, все новое. И радость от написанного абсолютно новая. А еще знаете, что новое? Плодотворность. Я за первый год в Боге написала столько, сколько за всю предыдущую жизнь. А за последующие—и того больше. Это ли не поразительно?

Что я пишу сейчас. Я пишу только о Боге, но очень разные произведения, разные по ритму, по величине, по виду рифмы, по фабуле. Они—о моем отношении к Богу; об отношении Бога к нам, людям, вообще, и ко мне, в частности. Есть стихи хвалы и поклонения; есть стихи-проповеди; есть песенные стихи; есть притчи в рифмованном виде, короткие, как пословицы и поговорки; есть маленькие рассказы, эссе, статьи и т.д.

Я когда-то очень увлекалась прозаическими миниатюрами Феликса Кривина и Эмиля Короткого, думаю, что это, во многом, повлияло на мое творчество. Я люблю короткие жанры. А может быть, только короткие жанры мне и по плечу. Может, на длинные дистанции у меня не хватает дыхания. Мне нужно, чтобы ощущение завершенности постоянно сопровождало меня и поддерживало. С короткими жанрами, так сказать, с малыми формами, это получается.

И, наконец, попробую ответить на вопрос, который вдохновил меня на этот материал. Как стихи приходят? С чего они начинаются? Прежде всего, я стараюсь всегда очень бережно относится к каждому слову, которое я получила от Господа, даже если оно еще не стало стихом, я записываю все.

У каждого стихотворения своя судьба и свое начало. Вот я за рулем, на красном свете светофора лихорадочно записываю пришедшие в голову слова. Они вечером попадут в компьютер, в мой «накопитель» или «колодец», там пролежат неизвестно сколько, потом опять попадут в поле зрения и вырастут в строчки стиха. Вот, мне просто захотелось донести до читателя то, что мне открылось, стало вехой в моей жизни, откровением на последующие времена. То, что открылось мне, хочется повторять и повторять, так я написала: « Мой Господин—Иисус, я жизнь отдаю Ему». А вот мне понравилась мелодия строчки из Библии: «Как шатры твои прекрасны, Израиль» и это стало рефреном новой песни.

А вот и идеальный вариант: стих пришел сразу от начала до конца, практически, без правки, ночью, карандаш и бумага всегда под рукой. Но это редко. Очевидно, слух мой не идеальный, я не всегда слышу Бога дословно. А может быть, Ему нужно, чтобы слова прошли сначала через мои эмоции, поработали с моей душой?

Я слова нахожу в молитве,
Как грибы, их в лесу собираю,
Достаю из-под волн и пены,
Или с росной земли поднимаю.
Говорливою птичьей стаей
Строчки слов меня окружают,
Светлячками в вечернем небе,
Серебром на воде мерцают.

Я ловлю их в воде сачками,Я за ними бегу по полю . . .

После, ночью, мой сон забирая,
Стих в две строчки рождается с болью.

Я думаю, что приблизительно так все и происходит. Конечно, я также далеко от ответа на заданный вопрос, как и в начале этого материала, но зато . . . поговорили по душам.

101

Люблю Тебя, люблю Тебя, Иисус,
Люблю Тебя всем сердцем, всей душой
За то, что Ты пришел, и я проснулся;
За то, что Ты—мой верный Друг большой!
Люблю Тебя, люблю Тебя, Иисус!

Нью-Йорк, 04. 04. 01

102

Мы сегодня очень верим,
Завтра вера тает.
Авраам поверил Богу,
Что же нам мешает?
Авраам же сильно, надолго,
навсегда-навсегда
Поверил Богу.
Что же нам мешает?
Действительно, давайте, друзья, попросим
Бога, чтобы Он дал нам веру Авраама,
и чтобы ничто не могло нам помешать
верить, как Авраам. Авраам же поверил
Богу!
Пусть уйдет далеко-далеко и навсегда
Все, что нам мешает.
Аминь!

Нью-Йорк, 2001 г.

103

«Возвожу очи мои к горам, откуда придет
помощь моя» (Псалтирь 120:1).

Очи к горам поднимите!
Зачем умирать, живите!
Помощь оттуда придет,
Каждому, каждому, каждому,
Каждому нужен Бог!

Бог есть Жизнь,
Бог есть Любовь,
Каждому, каждому, каждому нужен Бог!
Каждому, каждому,
Каждому, каждому,
Каждому, каждому
Нужен Бог!

Бог есть Свет,
Бог есть Любовь,
Каждому, каждому, каждому нужен Бог!
Каждому, каждому,
Каждому, каждому,
Каждому, каждому
Нужен Бог!

Бог—Весна,
Бог есть Любовь,
Каждому, каждому, каждому нужен Бог!
Каждому, каждому,
Каждому, каждому,
Каждому, каждому
Нужен Бог!

Очи к горам поднимите!
Зачем умирать, живите!
Помощь оттуда придет,
Каждому, каждому, каждому,
Каждому нужен Бог!

Нью-Йорк, 04. 07. 01

* * *

Съел бы я яблоко, будучи на месте Адама и Евы?

Согласился бы я отдать в жертву своего единственного сына, будучи на месте Авраама?

Выбрал бы я судьбу Моисея, если бы у меня был такой же выбор?

Роптал бы я без воды в знойной пустыне?

Признал бы я Мессию в соседском плотнике?

Какие трудные вопросы стояли перед героями Библии?

* * *

Лидером может стать только тот, кто научится подчиняться.

И только тогда он сможет сам растить лидеров.

* * *

Вопрос Богу нужно задавать так, чтобы мы поняли ответ. Речь идет о конкретности молитвы.

104

Покаяние

Я возвращаюсь, я возвращаюсь
К Тебе, мой друг, к Тебе, мой Бог,
От горьких слов своих отрекаюсь,
Я отрекаюсь от горьких слов.

И от путей своих отвращаюсь,
Каюсь . . .

Нью-Йорк, 04. 08. 01

105

«Готово сердце мое, Боже,
готово сердце мое: буду петь
и славить» (Псалтирь 56:8).

Готово сердце мое,
Я встану рано,
Я буду славить Тебя,
Я буду славить!

Воспрянь слава моя,
Воспрянь слава,
Я буду славить Тебя,
Я буду славить!

Превознесу имя Твое
Над небесами,
Я буду славить Тебя,
Я буду славить!

Между народами
Превознесу и племенами,
Я буду славить Тебя,
Я буду славить!

Плетут сети мне,
Копают ямы,
Я буду славить Тебя,
Я буду славить!

Готово сердце мое,
Я встану рано,
Я буду славить Тебя,
Я буду славить!

Нью-Йорк, 04. 15. 01

106

*«Только в Боге успокоится душа
моя; от Него спасение мое»
(Псалтирь 61:1).*

Только в Боге, только в Боге успокоится душа моя,
От Него спасение мое,
Не поколеблюсь.

Только в Боге, только в Боге успокоится душа моя,
От Него надежда моя,
Не поколеблюсь.

Только в Боге, только в Боге успокоится душа моя,
Только Он—твердыня моя,
Не поколеблюсь.

Только в Боге, только в Боге успокоится душа моя,
Он всегда убежище мое,
Не поколеблюсь.

Только в Боге, только в Боге успокоится душа моя,
От Него вся сила моя,
Не поколеблюсь.

Нью-Йорк, 04. 17. 01

*   *   *

Мы ищем потерянный рай. Рай—это не цветы и плоды, это утерянное общение с Богом. Ищите лица Божьего и найдете потерянный рай.

*   *   *

Бог относится к вам лучше, чем вы сами относитесь к себе.

*   *   *

Начало всех успешных проектов—в сердце.

107

Так было не всегда . . .
Нет боли за себя,
Твои впитал страданья,
Твои алеют раны,
Твои святые планы,
Твоя святая воля,
И за себя нет боли . . .
Так было не всегда.

Денвер, Колорадо, 05. 26. 01

108

Как солдат охраняет ворота,
Храни свое сердце всегда;
Горечь, зависть, обида—враг,
Ты не впускай врага.

Как солдат охраняет ворота,
Храни свое сердце всегда;
Радость присутствия Бога
Не отпускай от себя.

Денвер, Колорадо, 05. 26. 01

109

«Когда вышел Израиль из Египта, дом Иакова—из народа иноплеменного . . .» (Псалтирь 113:1).

Когда выходил Израиль,
Море увидело и побежало;
Горы, как овны, взыграли;
Земля закружилась в танце;
Запрыгали холмы, как агнцы;
Поднялся восторг до небес.
Всесильному Богу, Богу чудес,
Под звуки псалтырей, кимвалов,
Вселенная пела славу,
Когда выходил Израиль.

Уповай на Господа, дом Израилев,
Он всегда наш и щит, и помощь;
Уповай на Господа, дом Аронов,
Он всегда наш и щит, и помощь;
Уповай на Господа, боящийся Господа,
Он всегда наш и щит, и помощь!

Нью-Йорк, 07. 10. 01

* * *

Сердцевина всякого греха—неверие.

* * *

Если вы сами будете сыты-это вера, если и других будете кормить—это уже ученичество.

* * *

Поклонение–это наша партия в общении с Богом.

110

Благодарю, Господь мой дорогой,
За гладь озер,
За солнце надо мной,
За ясный день,
За дождик проливной,
За то, что в высоте небесной
Крылатая трепещет песня.

Остановись, услышишь, как поет на ветке
птица,
Увидишь, как алмазами цветок в воде
искрится,
Изысканный цветок, как царская невеста,
Покоится в величии своем—не
насмотреться.

Прекрасна лилия! Чем заслужил цветок,
Что так одел его наш Бог?
Ничем не заслужил, как мы,
Но вот, купается в любви,
Которую Творец излил.

Нью-Йорк, 01. 07. 01

111

Обреченные
На скитания,
Мы все отступники
И предатели.
Мы неприкаяны
Без покаяния,
Мы все преступники
Без благодати.

Нью-Йорк, 01. 10. 01

112

Не ждите трагедий, не надо . . .
Впрочем, вот и она:
Холодное тело Авеля,
Первая жертва греха.

Нью-Йорк, 01. 12. 01

* * *

Пока нам ничего не грозит, мы любим. Особенно любим сочувствовать и жалеть. Появляется кто-то талантливее, лучше, чище, смелее . . . Стоп—угроза. Распять! «Распни его, распни!»—знакомый призыв.

* * *

Церковь—это не Дом культуры (но и не место, где можно упражняться в бескультурье), это дом, в котором учатся нести Евангелие всеми методами, которые данная культура нам предоставила.

* * *

Здесь на земле мы на беговой дорожке, вернее, на финишной прямой.

113

Я—посланник Его любви,
Я—свидетель Его прощенья,
Я—поклонник Его, ученик,
Исполнитель Божественных целей.

Нью-Йорк, 01. 12. 01

114

Я у Источника жизни,
Я к Нему приложился,
Я буду пить жизнь . . .
Буду жить.

Нью-Йорк, 01. 22. 01

115

Я, как мертвый,
Всеми в сердцах забытый,
Я, как сосуд разбитый . . .
В руке Твоей дни мои.

Нью-Йорк, 01. 27. 01

*   *   *

Мы всю жизнь будем учениками. Смиритесь с мыслью, что вы никогда не будете профессорами, только учениками. Зато с каким Учителем!

*   *   *

Все нуждаются в любви, и в твоей несовершенной любви нуждается Сам Бог: *«Приходит женщина из Самарии почерпнуть воды. Иисус говорит ей: "Дай Мне пить"» (От Иоанна 4:7).*

*   *   *

Есть понятие—презумпция невиновности. По аналогии с этим может быть презумпция веры: мой стакан никогда не полупустой, он всегда наполовину полный. По моему ощущению, презумпция веры или то, что мы обычно называем оптимизмом или позитивным мышлением, создает питательную среду, в которой только и возможны жизнь и творчество.

116

Ищите Бога в день благоприятный,
Познайте, как Он благ сейчас.
Все ценное, что дается бесплатно,
Оплачено кровью Христа.

Остановитесь,
Подойдите ближе,
Приложитесь
К источнику жизни.

Нью-Йорк, 01. 27. 01

117

Я близок к Богу настолько,
Насколько я знаю Слово.

Я утвержден и основан,
Насколько я знаю Слово.

А Слово я знаю настолько,
Насколько я сыном стал,

Насколько я верю Слову,
Насколько люблю Христа.

Нью-Йорк, 01. 27. 01

118

Страх убивает веру,
Лень убивает цель,
Эгоизм убивает любовь,
Обида убивает все,
С чем не успели справиться
Страх, лень и эгоизм.

Обида—опасна для обиженного,
Как ржавчина для металла.

Нью-Йорк, 01. 27. 01

* * *

Всегда проверяйте, нужны ли ваши жертвы Богу? Это мой частный перифраз цитаты из Библии: «... *и зри, не на опасном ли я пути, и направь меня на путь вечный» (Псалтирь 138:24).*

* * *

Капля лжи, как ложка дегтя, бочку правды вам испортит.

* * *

Кривую нашей веры, ее траекторию, очень трудно определить, предусмотреть, вычислить. Кто может понять состояние пророка Ильи, который в глубоком отчаянии заполз под можжевеловый куст умирать на следующий день после грандиозной победы над врагами?

119

Обида закроет твои небеса
И желчью наполнит сосуд до отказа,
С терпенья и воли сорвет тормоза
И будет тебя разъедать, как проказа.
«Бог устал от тебя,
Бог оставил тебя . . .»
Молитва твоя потеряет силу,
И радость по капле уйдет до конца,
Ты будешь стрелять по мишеням мимо,
Опять сирота, опять без Отца.
«Бог устал от тебя,
Бог оставил тебя . . .»

Обида—не твой удел,
Обида—не твой придел.
Как бы она ни пришлась по виду,
Не принимай обиду!

Нью-Йорк, 2001 г.

120

Любовь и обида,
Как радость и тоска,
Как свет и тьма,
Как жизнь и смерть,
Как рай и ад.

Нью-Йорк, 2001 г.

121

Любовь и обида—несовместимы,
Любовь и обида—непримиримы.
Лишь только обида придет,
Бесчинствует плоть.

Нью-Йорк, 2001 г.

* * *

Наша хвала Господу здесь на земле—это репетиция вечного прославления Его на небесах.

* * *

Любовь (по Библии)—это прекрасная благоуханная роза, у которой лепестки—глаголы.

* * *

Не «распинаться» в оправданьях, а распинать плоть в покаянье . . .

122

Кто, как Ты, Господь, между Богами?
Кто как Ты? Ты святостью велик,
Милостью известен, досточтим хвалами,
Чудо чудное Ты совершил.

Огустела пучина,
Расступилась вода,
Влага стала стеною
И покрыла врага,
Коня и всадника его навечно поглотив.
А народ Твой извечный—жив!

Мы свободны от рабства!
Мы несем благодарность
На алтарь поклоненья,
Твоя милость безмерна,
И в жилище святыни
Твой удел—наш отныне.
Пой Ему, поклоняйся!

Забудь про гордость,
С радостью пляши,
И перед Господом
Прославлен будешь Ты!

Расступается море,
Расступаются горы,
Раздели с ними горе,
Раздели с ними радость,
Ты избавлен от рабства!
Ты избавлен от рабства!
Пой Ему, поклоняйся!

Забудь про гордость,
С радостью пляши,
И перед Господом
Прославлен будешь Ты!

Он крестил нас любовью,
Отряхните оковы,
Выходите на волю,
Выходите из круга,
Прорывайтесь из рабства,
Прорывайтесь из рабства!
Пой Ему, поклоняйся!

Забудь про гордость,
С радостью пляши,
И перед Господом
Прославлен будешь Ты.

Нью-Йорк, 08. 07. 01

Для триптиха «Когда выходил Израиль»

123

Все значительное—просто:
Просто растет трава,
Просто восходит солнце,
Просто течет река.

Просто однажды Господь
Сына на смерть послал,
Который умер просто—
Только от боли стонал.

И опять движется ветер,
А в океане—волна,
Утро приносит рассветы,
Вечером гаснет заря.

Ищите всем сердцем Господа,
Пусть вас не собьет простота,
Все, что сегодня просто,
Оплачено кровью Христа.

Нью-Йорк, 08. 08. 01

124

Мы долгое время любили за что-то,
Но время настало любить вопреки;
Когда-то и нашей «любви» нам хватало,
Теперь же не сможем без Божьей любви
Любить ненавидящих нас,
Любить проклинающих нас,
Любить обижающих нас,
Любить окружающих нас,
Любить обнимающих нас . . .

Как Он нас тогда возлюбил,
Не сможем без Божьей любви.

Нью-Йорк, 08. 08. 01

* * *

Внезапного благочестия не бывает. Постоянными должны быть тренировка, самоконтроль, дисциплина: *«...упражняй себя в благочестии...»*
(1-е Тимофею 4:7).

* * *

Наша мораль—гуттаперчевая подушка, придавили—поменяла формы.

* * *

Христианство, это не подвальчик, в который можно спрятаться, чтобы отсидеться в этой жизни. Нет, это далеко не так.

125

Заданье было у Адама
Возделывать Эдемский огород,
И он трудился, он старался,
И он возделывал, как мог.

И через труд он состоялся
Как самый первый . . . вегетарианец.

Нью-Йорк, 08. 21. 01

126

« . . .и соделал нас царями и священниками
Богу нашему; и мы будем царствовать на
земле» (Откровение 5:10).

Нашу судьбу от Господа
Как я представить могу?
Наша судьба от Господа—
Замок на берегу.

А мы в лачугах,
В обрывах, ущельях;
А мы в хибарах,
Землянках, пещерах . . .

И вот уже твоя
Судьба «царит»
В пещере гнева,
Одиночества, обид.

Пещера—пристанище смерти,
Там нет ни света, ни чести.
Пещера не спасает,
Она погребает.

Осознание рабства
Рождает свободу,
Подними свое знамя,
Приготовься к походу.

Выходи из пещеры
На волю,
Свежий ветер пусть душу
Наполнит,
Не дыши этой гнилью
И смрадом,
Солнце рядом, спасение
Рядом.
Подними свои руки,
Воскликни:
«Осанна Царю!»
Выходи из пещеры!
В пещерах цари
Не живут.

Нью-Йорк, 09. 15. 01

127

Бог—один для меня и других:
Черных, белых, цветных;
Бог—один, но Он очень богатый
Своей милостью и благодатью . . .
Всем хватит!

Для каждого народа,
И лично для меня
Он приготовил много
Любви, тепла, добра.
Господь провидел много
Любви, тепла, добра
Для каждого народа,
А также для меня!

Нью-Йорк, 09. 12. 01

* * *

В Боге и с Богом только «да» или «нет», только жизнь или смерть. Пенсия как этап промежуточный между жизнью и смертью не предусматривается. Ни Авраам, ни Моисей, ни Иисус Навин не были ни минуты на пенсии. Как только они выполняли свое задание на земле, они уходили к Богу.

Если жизнь—для Христа, а смерть— приобретение—встреча с Богом, то, что такое, вообще, пенсия? Где ее место в христианской жизни?

* * *

Устранять старых и слабых с пути—это не по-христиански.

* * *

Пробуждение физическое, это когда сон отпускает из своего плена. Вера—пробуждение духовное, когда тебя отпускают из своего плена неверие и сомнения.

128

Ода вере

Во времена ударов и падений,
Во времена сомнений и гонений
Дай веры мне, Господь,
Сказать без лишних слов:
«Нет личности добрей, чем Бог!
Нет личности добрей, чем Бог!»

Верой ответ принимай,
Верой Его прославляй.

Вера изгонит всякий страх,
Верой повергнут будет враг,
Верой придет исцеленье,
Верой придет покой,
Вера всегда откроет двери
В Божий мир и любовь.

Храни свою веру,
Храни свою веру,
Храни свою веру всегда,
Храни свою веру,
Храни свою веру,
Пусть вера хранит тебя.

Нью-Йорк, 2001 г.

129

Пляшут холмы,
Веселятся горы,
Опускаются долы,
Поднимаются воды,
Открываются двери,
Повинуются ветры!

Бог живет во мне!
Бог всемогущий во мне!
Царство Его во мне!

Бог живет в Тебе!
Бог всемогущий в Тебе!
Царство Его в Тебе!

Бог сегодня здесь!
Бог всемогущий здесь!
Царство Его для всех!

Нью-Йорк, 09. 05. 01

Лариса Хоменко

130

Если народ взывает к Богу,
Если стенает народ . . .
Каждый из нас Моисей для кого-то,
Услышь, говорит Господь:

«Кто пойдет избавлять
Мой народ,
Кто пойдет за Меня,
Кто пойдет?
Кто в каждом
Проломе станет,
Кто станет
Руками, устами,
Кто не утомится
И не устанет,
Кто пойдет избавлять
Мой народ,
Кто пойдет за Меня,
Кто пойдет?»

Другого я не смелее,
Другого я не сильнее,
Но Слово сметет сомненья.
Пошли меня Моисеем,
Пошли меня Моисеем,
Пошли избавлять Твой народ!

Каждый из нас Моисей для кого-то,
Услышь, говорит Господь!

Нью-Йорк, 09. 16. 01

*   *   *

Молитва хроническая не нравится Богу. Это ритуал.

*   *   *

Когда живешь в «аду» здесь на земле, так легко поверить, что так будет всегда. Но это ложь сатаны.

131

Пока на земле живем,
Лучше с любовью маленький дом,
Чем замок огромный, пустой,
Лучше с любовью маленький дом.

Средь грязи алмазом
Блестит роса,
Лишь любовь унесем
Мы на небеса.

То, что видят глаза,
То, что знают сердца,
Все останется здесь,
Все останется здесь,
Лишь любовь унесем
Мы на небеса . . .

Научи нас, Господь, любви,
Научи, научи, научи,
Откровенья Твои о любви,
Как доверья ключи, вручи.

Без Твоей любви
Мир не устоит,
Все дела не нужны,
Все дела не важны,
Научи нас любви,
Научи, научи.
Мы устали от слов,
Мы устали от слов,
Покажи нам Любовь.

Средь грязи алмазом
Блестит роса,
Лишь любовь унесем
Мы на небеса.

То, что видят глаза,
То, что знают сердца,
Все останется здесь,
Все останется здесь,
Лишь любовь унесем
Мы на небеса . . .

Нью-Йорк, 10. 01. 01

132

Нить жизни может оборваться каждый миг,
И «завтра» может никогда не наступить,
За грех твой расплатился Бог сполна,
Не умирай без Сына, без Христа.

Ад—это место, где ждут смерти, как
избавления, но туда смерть не приходит
никогда.
Вечность—страшное слово, если оно из ада.
Вечность нельзя прервать и остановить, от
нее нельзя уйти и к ней нельзя привыкнуть.

Может, ты предпочтешь то, что удобно и
то, что успокаивает, но надо предпочесть
истину.
А истина вот: не умирай, мой друг, без
Иисуса Христа. Без Него ты попадешь в ад.

Нью-Йорк, 10. 01. 01

133

«Вера от слышания» (К Римлянам 10:17).

Разбуди меня Бог пораньше,
Я хочу быть Твоим барабанщиком,
Поднимусь я на кровлю повыше,
Чтобы весть Твою все услышали!

С Божьими барабанами,
С Божьими барабанами,
С Божьими барабанами
Пусть выступает армия.

Вера Твоя наполняет душу,
Важно, чтоб были открыты уши.
Поднимусь я на кровлю повыше,
Чтобы весть Твою все услышали!

С Божьими барабанами,
С Божьими барабанами,
С Божьими барабанами
Пусть выступает армия.

Вера от слышания,
Вера от слышания,
Вера от слышания,
Слушай, пока еще
Можно услышать!
Слушай, пока еще
Можно услышать!
Слушай . . ...

Нью-Йорк, 10. 01. 01

* * *

Господь должен быть прославлен нашими талантами. При этом нужно внимательно следить и очень опасаться, чтобы мы не пытались прославиться за счет Его имени.

* * *

Как можно, но не нужно, читать Библию.

« . . .не заботьтесь для души вашей, что вам есть и что пить, ни для тела вашего, во что одеться» *(От Матфея 6:25)*—Бог призывает к безалаберной жизни.

« . . .и не возненавидит отца своего и матери, и жены и детей, и братьев и сестер, а притом и самой жизни своей, тот не может быть Моим учеником» *(От Луки 14:26)*—Бог призывает ненавидеть семью.

«Но Иисус сказал ему: иди за Мною, и предоставь мертвым погребать своих мертвецов» *(От Матфея 8:22)* —Бог призывает не заботиться о родственниках.

«Не любите мира, ни того, что в мире: кто любит мир, в том нет любви Отчей» *(1-е Иоанна 2:15)*—Бог призывает не любить окружающих неверующих.

* * *

Самомнение и комплекс неполноценности всегда идут вместе, потому что и то, и другое—стороны одной медали, медали, которую называют гордость, и которая выдана человечеству в день падения в награду за грех.

134

Открой уста свои, открой,
Господу радостно пой!
Господу радостно пой!
Ты—Господь мой,
Ты—один, нет другого,
Ты тяжести снял с рамен,
Ты руки освободил,
Ты—Иегова!

Возьми тимпан, возьми псалом,
Господу радостно пой!
Господу радостно пой!
Ты—Господь мой,
Ты—один, нет другого,
Ты тяжести снял с рамен,
Ты руки освободил,
Ты—Иегова!

Взмахни шелками всех знамен,
Господу радостно пой!
Господу радостно пой!
Ты—Господь мой,
Ты—один, нет другого,
Ты тяжести снял с рамен,
Ты руки освободил,
Ты—Иегова!

Лариса Хоменко

Кричите и славьте
Бога Яковлева,
Это закон,
Вечный устав,
Вечный устав для нас,
Для Израиля!

Нью-Йорк, 2001 г.

135

Соприкасаясь с миром, улыбнись,
Подставь щеку вторую под удар,
С обидой унижения смирись,
Найди для всех любовь как Божий дар.
И ты поймешь, как хорошо на свете,
Когда в Иисусе—жизнь и путь,
И Божья правда вместо нашей светит.

Нью-Йорк, 10. 16. 01

136

Лишь Слово Иисуса—дух и жизнь!
Слово, Иисус, произнеси!
Словом Своим судьбу мою
Провозгласи!
Провозгласи!

Я повторяю истово—
Слово Твое есть истина,
Слово Твое есть истина и суть!
Я повторяю истово—
Слово Твое есть истина,
Слово Твое есть истина и путь!

Нью-Йорк, 10. 17. 01

* * *

Придя к Богу, мы становимся Его глашатаями, Его рекламными агентами, мы строим Божий бизнес.

* * *

Прости, Господь, Ты так много хочешь дать, я так мало прошу.

* * *

Христианство называют религией рабов. Быть рабом Господу Богу—это свобода самой высокой пробы.

137

Мне нравится, как я живу:
Когда встаю, когда ложусь,
Как, выбегая утром рано,
Вдыхаю запах океана,
От ветра ежась на «конечной»,
Автобус жду,
Как я билет свой пробиваю,
В окно гляжу . . .
Уютный угол выбирая,
Сажусь.
Мне нравится, как я живу,
Я эту жизнь люблю.
Мне Бог ее такую подарил,
Сам дорого за это заплатив.

Нью-Йорк, 10. 19. 01

138

Кусочек суши,
Окруженный морем
И врагами.
Изранен.
На площади гробы,
Их 900—все за год.
Израиль.
Спокойно ходят
Мальчики и девочки,
Ребята,
А за плечами рюкзаки
И . . . автоматы.
Живительные волны
Моря Мертвого,
За морем—облака,
Как горы,
Цветущие сады,
Свисающие с кровель,
Закат пастельный,
Цвет пустынь и зноя,
Колибри на кустах из рая
Пьют на лету нектар,
Свой острый клюв
В цветы вонзая.
Что за страна такая?
Ведь жили рядом
И не замечали.
Цветок в пустыне,
Мой Израиль.
Набрось мне что-нибудь
На плечи,

Здесь очень быстро наступает
Вечер.
Кусочек суши,
Окруженный морем
И врагами.
Израиль.

Тель-Авив, 10. 25. 01—11. 04. 01

139

Когда я Тебя не знала . . .
О чем я мечтала,
Про что я читала,
Что слышала в шуме ветра?
О чем волновалась,
На что откликалась,
Кого почитала первым?

Когда я Тебя не знала . . .
Кому поклонялась,
На что опиралась,
Какие стихи писала?
Как птицы летали,
Как звезды мерцали,
И что я по жизни искала?

Когда я Тебя не знала . . .
Вообще, чем жила я тогда?
И жила ли?

Тель-Авив, 10. 25. 01—11. 04. 01

*   *   *

Бог иногда сам все подготавливает и, что называется, формирует чудо, для того чтобы напомнить о Себе и принять всю Славу.

Вот пример с Гедеоном: «*И сказал Господь Гедеону: народа с тобой слишком много, не могу Я предать Мадианитян в руки их, чтобы не возгордился Израиль предо Мною и не сказал: моя рука спасла меня*» (Книга Судей 7:2). «*И сказал Господь Гедеону: тремястами лакавших Я спасу вас и предам Мадианитян в руки ваши, а весь народ пусть идет, каждый в свое место*» (Книга Судей 7:7).

«*Мадианитяне же и Амаликитяне и все жители востока расположились на долине в таком множестве, как саранча; верблюдам их не было числа, много было их, как песку на берегу моря*» (Книга Судей 7:12).

*   *   *

Вы получите у Бога ответ, если возникнет вопрос. Бог отвечает на внутреннюю заинтересованность.

*   *   *

Мы не должны обижаться. Но можно не обижаться по-разному: можно не обижаться, свысока презирая обидчика, или любя и благословляя его. Выбирайте всегда второе, потому что в Библии написано: «*А Я говорю вам: любите врагов ваших, благословляйте проклинающих вас, благотворите*

ненавидящим вас и молитесь за обижающих вас и гонящих вас» (От Матфея 5:44).

140

Взошла Тобой посеянная песня
В сердце,
Она Тебе посвящена, мой Бог
Чудесный!
Она Тебе посвящена!

Я в звуке прибоя слышу Тебя,
Я в сильном ветре слышу Тебя,
Я в крике чаек слышу Тебя,
Я в тихом всплеске слышу Тебя!

Я в красках моря вижу Тебя,
Я в силе крыльев вижу Тебя,
Я в блеске молний вижу Тебя,
Я в свете солнца вижу Тебя!

Волны славу поют Тебе,
Ветры славу поют Тебе,
Травы славу поют Тебе,
Сердце славу поет Тебе.

Взошла Тобой посеянная песня
В сердце,
Она Тебе посвящена, мой Бог
Чудесный!
Она Тебе посвящена!

Тель-Авив, 10. 25. 01—11. 04. 01

141

О! Любимый мой Бог!
О, Господь дорогой!
Я всегда с Тобой!
Навсегда с Тобой!

Тель-Авив, 10. 25. 01—11. 04. 01

142

Много нужно было Богу
Сотворить на небесах.
Все развесить, все наладить,
Завести все по часам . . .
Посмотрел Господь на землю
Меж делами, вот беда:
Человек, Его творенье,
На планете погибал.
Очень быстро сдал дела Он,
Всех расставил по местам,
И спасать Свое творенье
Он пошел на землю Сам.

Я люблю Тебя очень нежно,
Говорю про Тебя мечтательно,
Бог прекрасный, с небес сошедший,
Несравненный мой Бог, замечательный!

Тель-Авив, 10. 25. 01—11. 04. 01

* * *

Мы позволяем себе в мыслях то, что не позволяем в действиях. Но Бог видит все.

* * *

Иногда, написав афоризм, я начинаю в него добавлять какие-то мысли. Потом что-то разворачиваю, и вот уже это не афоризм, а маленькая притча. Хочется еще что-то добавить, и вот—это уже мини проповедь. Иногда трудно остановиться. Я добавляю еще парочку сюжетных поворотов, потом немного пережитого, без собственного свидетельства ни один Божий жанр не дышит . . . И вот уже это вполне проповедь или статья. Я смотрю, неплохо написано, убедительно . . . но афоризм потерян. А жалко.

* * *

«Свинья болото всегда найдет»,—говорит народная мудрость. Да, ты ее вымой, вычисти, одень в подвенечное платье, но как только ты освободишь ее от всех этих процедур, она тут же убежит опять в свое любимое болото.

143

Можно привыкнуть
К краскам заката,
К морю из окон,
К высокой зарплате,
К доброму мужу,
К послушным детям . . .
Но никогда,
Ни за что на свете
Чуда спасенья не забывай,
К жертве Иисуса не привыкай.

Тель-Авив, 10. 25. 01—11.04.01

144

С порученьем очень важным
По земле хожу сейчас я,
А две тысячи лет назад
Неожиданно, однажды
Божий сын пришел на землю
Для того, чтоб Агнцем стать.

По земле хожу сейчас я
С порученьем очень важным—
Всем об этом рассказать.

Тель-Авив, 10. 25. 01—11. 04. 01

145

На берегу вода в ракушке—
Маленькое озеро.
В нем капля солнца,
Как слеза.

В твоих глазах
Две маленькие капли.
Что это? Солнца свет?
Слеза?

Тель-Авив, 10. 25—11. 04. 01

*   *   *

Когда чего-то очень много, но без системы, это как будто совсем ничего нет. Попробуйте свалить в кучу книги целой библиотеки, а потом попытаться что-то найти. Занятие почти безнадежное.

*   *   *

Кого выбирал Господь на главные роли в Своем великом сценарии спасения человечества? Мария—совсем еще девочка—на роль матери Иисуса Христа; беспомощный трехмесячный младенец на воде в просмоленной корзинке на роль будущего освободителя евреев из Египта; младенец в яслях среди домашних животных на роль Мессии . . . Какие трагические, нестабильные ситуации, хрупкие личности, сложные обстоятельства. Бог, оставив за Собой навсегда главную роль, «избрал немудрое мира, чтобы посрамить мудрых, и немощное мира избрал Бог, чтобы посрамить сильное» (1-е Коринфянам 1:27).

*   *   *

Мужество и твердость—не значит черствость. Но может перерасти.

Лариса Хоменко

146

«И как на рассвете утра, при
восходе солнца на безоблачном
небе, от сияния после дождя
вырастает трава из земли . . .»
(2-я Царств 23:4).

Как на рассвете ясного дня
От сияния после дождя,
Вырастает трава из земли,
Так восходит хотенье мое от Тебя,
Так восходит спасенье мое от Тебя
И спасенье моей семьи.

Ибо вечный завет Божий—
Твердый и непреложный,
Ибо вечный завет Божий—
Надежный.

Как от Божьего Духа во мне,
Который услышу я в тишине,
На устах вырастает Слово,
Так восходит причастность моя от Тебя,
Так восходит удача моя от Тебя,
Божий страх как основа.

Ибо вечный завет Божий—
Твердый и непреложный,
Ибо вечный завет Божий—
Надежный.

Дорога из Атланты в Нью-Йорк, 11. 26. 01

147

Стань, Вседержитель,
Моим бесценным золотом,
Зажги меня Своим огнем
И в сердце вложи Твое Слово!

Ты—Бог, моя отрада,
Ты—все, что мне надо,
Твоя святая кровь— защита!
Твоя святая кровь—ограда!

Хочу Тебе угодить,
Хочу стать другим,
Чтоб стал Ты единственным благом моим,
Хочу я быть ближе,
Тобою водим,
Хочу стать я преданным другом Твоим.

Ты—Бог, моя отрада,
Ты—все, что мне надо,
Твоя святая кровь— защита!
Твоя святая кровь—ограда!

Нью-Йорк, 12. 03. 01

148

Бегут огоньки по елке,
И свечи горят в миноре . . .
Два ярких праздника:
Рождество и ханука–
Нам дорого то и другое.

Божий Сын—не легенда,
Он реально ходил по земле,
Божий Сын;
Он пришел ради нас,
Чтоб тебя и меня спасти,
Божий Сын;
Он для правды и Духа,
Он для вечности нас возродил,
Божий Сын;
Он достоин быть миру светом,
Он один!

Время родиться от Господа,
Время зажечься от Сына,
Время стать факелом ярким,
Время Иисуса признать
Ханукой, Ханукой, Ханукой!

Нью-Йорк, 12. 12. 01

*   *   *

Во всех творческих начинаниях надо проблему выбора взять на себя. Только человек, несущий видение, может сделать правильный выбор, Бог на этом этапе работает с ним. С вашим соратником Бог будет работать позже, когда тот примет видение, как свое.

*   *   *

Боль неизбежна в нашей жизни. Без боли не рождается что-то стоящее. Хочешь иметь ребенка, исцеление через операцию, хочешь состояться в карьере . . . пройдешь через боль. Бог—не старьевщик, Он не чинит старое, не ставит заплат. Бог творит все новое. Новый мир Божьей праведности приходит через боль. Боль неизбежна, но рядом всегда Утешитель, Его «скорая помощь».

*   *   *

Ненависть к брату рано или поздно приведет к бунту против Отца.

149

Кто колесницами, а кто конями,
А мы Тобою хвалиться станем;
Другие падают, а мы поднялись,
Ты—победитель, Тебе вся слава!

Благодарю Тебя и славлю!
Благодарю Тебя и славлю!
Благодарю Тебя и славлю!
Ты достохвален!
Слава, слава, слава!

Ты—Бог великий, Ты—сильный в брани,
Ты—всемогущий, Ты—наше знамя,
Источник истины и помазанья!
Ты—триумфатор, достойный славы!

Благодарю Тебя и славлю!
Благодарю Тебя и славлю!
Благодарю Тебя и славлю!
Ты достохвален!
Слава, слава, слава!

Ты—Бог великий, заступник слабых,
Ты Свет приносишь во тьму подвалов,
Ты ясноликий, Ты лучезарный,
Ты превосходный и благодатный!

Благодарю Тебя и славлю!
Благодарю Тебя и славлю!
Благодарю Тебя и славлю!
Ты достохвален!

Слава, слава, слава!

Ты—щит любви наш, поборник правды,
Ты —наша вера, любовь, рожденье,
Источник радости и ликованья!
Ты—наша истина и пробужденье!

Благодарю Тебя и славлю!
Благодарю Тебя и славлю!
Благодарю Тебя и славлю!
Ты достохвален!
Слава, слава, слава!

Бруклин (Сигейт), 12. 13. 01

150

О, Ты! Сидящий на троне сердца моего!
Прославься в веках, прославься в веках,
прославься!
Бог Авраама, Исаака и Иакова! Прославься!

О, Ты! Спасающий душу мою от плена!
Прославься в веках, прославься в веках,
прославься!
Бог Авраама, Исаака и Иакова! Прославься!

О, Ты! Владеющий разумом моим и телом!
Прославься в веках, прославься в веках,
прославься!
Бог Авраама, Исаака и Иакова! Прославься!

О, Ты! Единственный, неповторимый и
светлый!
Прославься в веках, прославься в веках,
прославься!
Бог Авраама, Исаака и Иакова!
Прославься!

Бруклин (Сигейт), 12. 13. 01

151

Молитва Иависа

*«Иавис был знаменитее своих
братьев. Мать дала ему имя
Иавис, сказав: я родила его с
болезнью. И воззвал Иавис к
Богу Израилеву и сказал . . .» (1-я
Паралипоменон 4:9-10).*

—Мой Бог, меня благослови,—
Просил у Господа Иавис,
—Благослови, на самом деле,
Распространи мои пределы,
Благослови, Господь, благослови!
Чтобы Твоя рука была со мною,
Чтобы Она от зла меня хранила,
Чтоб в слабости моей
Твоя являлась сила,
Чтоб больше я не горевал . . .

И ниспослал ему Господь, что он просил,
Да, все, что он просил, Господь послал.

—Господь! Я, как Иавис,
Прошу Тебя, благослови!
Благослови, на самом деле,
Распространи мои пределы,
Благослови, Господь, благослови!
Чтобы Твоя рука была со мною,
Чтобы Она от зла меня хранила,
Чтоб в слабости моей

Твоя являлась сила,
Чтоб больше я не горевал . . .

О! Ниспошли все то, Господь, что я просил,
И веры дай мне взять, что Ты послал.

Нью-Йорк, 12. 21. 01

* * *

«Жизнь с избытком» начинается, когда мы, будучи в недостатках, находим, что отдавать.

* * *

Когда Бог снял с меня кольчугу робости и самоедства, которая не столько защищала, сколько сковывала, оказалось, что я что-то могу.

* * *

Обиды возникают, когда мы служим не Богу, а людям.

152

—Мама! Играла я, прыгала, бегала,
Очень устала я, девочка бедная,
Я полежу, ну немножко, чуть-чуть . . .
Надо же мне от игры отдохнуть.
Я обещаю, как только проснусь,
Тут же серьезно за дело возьмусь.

—Что ж, отдохни, раз ты так утомилась,—
Ласково мама над дочкой склонилась,
—Рядом с тобою я здесь посижу,
Чудную быль я тебе расскажу.
Вот ты послушай, что за день один,
Наш удивительный Бог сотворил:

Листьями желтыми землю украсил,
Краской зеленой траву обновил,
Кистью закат бирюзовый подкрасил,
Новые всходы дождями полил,

Струйки дождя переделал в снежинки,
Гусениц в бабочки, капельки в льдинки,

Воздух полей напоил ароматом,
Горные пики снегами укрыл,
Сильной рукой подтолкнул водопады,
Новую песнь со скворцом разучил,

Выпустил ветер из тесной кладовки,
Птиц поддержал в перелетах нелегких,

Вырастил горы, деревья и рифы,

Дал паучку образец паутины,
Дал разрешенье на новые ритмы
И вдохновенье для новой картины.

Радуги свет протянул над рекою,
Взбил облака, как подушки, рукою . . .

—Понимаю,—закричала девочка,—
Все, что я услышала—прекрасно!
Что-то не лежится мне, не ленится,
Что там нужно сделать по хозяйству?

Нью-Йорк, 12. 27. 01

153

*«Итак, доколе есть время, будем
делать добро всем, а наипаче
своим по вере» (К Галатам 6:10).*

Отбросьте расчет и корысть совсем,
Пока есть время, пока есть время,
Будем делать добро всем,
А наипаче своим по вере.

Делая добро,
Не будем унывать,
Потому что нас
Ждет Божий результат,
Если не устанем
На полях сражений
И не ослабеем
В вере.

Нью-Йорк, 01. 13. 02

154

«Не бойся, ибо Я—с тобою; не смущайся,
ибо Я—Бог твой; Я укреплю тебя, и помогу
тебе, и поддержу тебя десницею правды
Моей» (Пророка Исаии 41:10).

Как бездомные нищие
Ищут воды,
Я искала Мессию,
Я боялась Его
Не найти.
Я ходила в пустыне,
Где от жажды
Немеет язык,
Я искала Мессию,
Как другие
Искали воды . . .

—Не бойся, Я с тобой!
Не бойся, Я—Бог твой!
Я тебя укреплю,
Я тебе помогу,
Я тебя поддержу
Своей правой рукой!
Я с тобой, Я с тобой!
Не смущайся, не бойся,
Я—Бог твой, Я—с тобой!

Нью-Йорк, 01. 19. 02

*　*　*

Молитва-прошение показывает Богу твое конкретное состояние: что ты думаешь по этому вопросу (по которому Бог знает все), что понимаешь, что не понимаешь, что ждешь от Бога сейчас.

*　*　*

По мнению Александра Меня есть три типа учений о спасении:

1. Платон—лучшая организация общества;
2. Будда—мистическое созерцание и бегство от жизни;
3. Бог—Его воля для человека;

Мир призван сам, в своем опыте, познать, что подлинная жизнь лишь с Тем, Кто дарует ее.

Я думаю, каждый из нас прошел в своей жизни первые две модели сполна, а вернее, они безжалостно тяжелыми катками прошлись по нашим жизням . . .

*　*　*

Правильное сердце—это, прежде всего, необиженное сердце.

155

По милости Твоей на крест Ты пошел,
По милости Твоей меня Ты нашел,
По милости дело мое не забыто,
И пути в небеса мне открыты.

По милости Твоей мой дом не исчез,
По милости Твоей сегодня я здесь,
По милости блага Твои неизменно
Заполняют потоком вселенную.

Милующий Бог,
Милующий Бог,
Щедрый на милость и благодать,
Несущий любовь,
Несущий любовь,
Как мне Тебя познавать?

Нью-Йорк, 01. 20. 02

156

Свои крылья расправив и когти,
Мощным клювом бряцая от злости,
Бережет пределы, сторожит границы,
Наша плоть, эта хищная птица.

Ты захочешь взлететь—остановит,
Подходящую «мудрость» напомнит,

Будет в спину тебе без конца повторять:
«Червь бескрылый не может, не должен
летать».

Если вдруг ты покинешь лодку,
То услышишь шепот вдогонку:
«Ты забыл, на воде все тонет,
Хочешь быть самым умным, что ли?»

Нью-Йорк, 01. 21. 02

157

*Посвящено сестре во Христе со всем
сочувствием, нежностью и любовью
в дни ее тяжелой утраты.*

Не созданы с тобой мы для беды,
И никогда беде не будем рады.
Она приходит, грубо наследив
И разбросав охрану и ограду.
Безжалостна, как палача рука,
Остановив привычный ход событий,
Она приходит. Черная река
Прорвала дамбу жизненных укрытий.
Когда внутри от боли все в крови,
Когда бредешь долиною печали,
Ты тех, кто не поможет, не зови,
Ты припади к Отцу в своем отчаянье.

Мой Небесный Отец!
О! Ты лучший Отец на свете!
Что дороже всего Тебе,
Ты однажды отдал своим детям.
Все, от тука земли
До прозрачных небесных рос,
Ты готов мне отдать сейчас,
Чтоб не видеть моих слез.

Нью-Йорк, 01. 21. 02

*   *   *

Религиозность и вера

Увидев священника среди пассажиров, наш герой, который нервничал перед посадкой, успокаивается. Конечно, добрая примета: Божий служитель поднимается по трапу самолета, значит все будет хорошо с этим самолетом.

Второй—спокойно садится в самолет. Он знает, что жизнь на земле, безусловно, всегда связана с риском, почва ли под тобой или воздух; но что Бог всегда с ним и спасенье Божье с ним; что с Богом и смерть—приобретение, потому что это встреча с любящим Отцом.

Первый человек просто религиозный, второй—он верующий.

*   *   *

Чтобы научиться строить отношения, надо, чтобы они были. Надо не бояться вступать в отношения и в конфликты тоже.

*   *   *

Истинный поклонник связан с объектом поклонения и больше никому не принадлежит. Опять мы вернулись к мысли, что великий Бог все направляет на то, чтобы привязать нас к Себе. Ибо только тогда Он сможет в полной степени защищать и направлять нас.

158

В лучах яркой лампы,
Под звуки гитары
Холодные капли
Дождя танцевали,
И звезды, в воде
Отражаясь, качались,
И старая песнь
Ни за что не кончалась,
А звуки, в камин
Заходя ненадолго,
Взрывали в нем искры
Огня и восторга.

Искры, капли и звездные лужи,
Очень дождь нам Божественный нужен,
Слезы, радость, объятия дружбы,
Очень дождь покаяния нужен
На иссохшую землю, на иссохшую душу.

Искры, капли и звездные лужи,
Очень дождь примирения нужен,
Слезы, радость, объятия дружбы,
Очень дождь очищения нужен
На иссохшую землю, на иссохшую душу.

Гитара в руке качалась,
Ночь не желала сдаваться . . .
Чтоб новая песнь слагалась,
Друзья не должны расставаться.

Нью-Йорк, 02. 26. 02

159

Пусть имя Твое навсегда да святится
И миг тот, когда Ты решишь возвратиться,
И свет в небесах золотой возгорится,
И сбудутся наши мечты.

И буду я ждать Тебя трепетно
У края планеты с букетами . . .
У жизни, у самой черты.

Нью-Йорк, 04. 21. 02

160

Ради меня одной
Ты отдал бы Сына на смерть,
Ради меня одной . . .

В мире этом большом
Нет для Бога-Отца нигде
Такой же, как я, другой!

Силой Своей любви
Ты меня привязал к Себе,
Чтоб меня сохранить.

Мир наш чтобы спасти,
Ты вырос в моей судьбе
Силой Своей любви.

Ради меня одной
Ты отдал бы Сына на смерть,
Ради меня одной . . .

Нью-Йорк, 04. 24. 02

* * *

Сатана хочет, чтобы мы или прокручивали пленку со вчерашними неприятностями, или беспокоились о завтрашнем дне, и никогда не имели радости от настоящего.

Дети не живут прошлым. Они не хранят обиду, быстро успокаиваются и увлекаются новыми играми. У них нет беспокойства о будущем, потому что они доверяют родителям. Будьте, как дети.

* * *

Нехорошо быть человеку одному, но главное—найти себе такую пару, чтобы вдвоем не стало хуже.

* * *

Божьи поклонники освобождают свою судьбу в Боге, именно они и только они по-настоящему свободны.

161

Сколько стоит тот грех?
Небольшой грех,
Малюсенький,
Та соринка в чужом глазу . . .
Помнишь, ты еще
Словом правильным
Бил беднягу тогда по лицу.

Чтоб за этот грех заплатить,
Кровь Иисусу пришлось пролить . . .

Если грех—это грех,
Если это мы сможем понять,
То поймем, что такое милость,
Что такое Его благодать,
То поймем, что такое прощенье,
То поймем, что такое любовь,
Как приходит с неба спасенье,
И где наш настоящий дом.

Мы поймем, наконец, мирозданье . . .
О, Господь, принеси покаянье!

Нью-Йорк, 05. 03. 02

162

Люди приходят—уходят,
Народы приходят—уходят,
С народом божки их и боги
Уходят, канув в лету.
Наш Бог остается навеки,
Святой и Превознесенный!
Наш Бог остается навеки,
Он—Верный Господь и Вечный!

Он посылает Слово!
Он посылает жизнь!
Будем служить
Живому Богу,
Будем служить
Живому Богу,
Будем Ему служить!

Ел-Охейн, Ел-Нима, Ел-Олам, Ел-Кадош!
Высокий, Верный, Вечный, Святой!

Нью-Йорк, 05. 03. 02

163

Даже капля Твоей крови
Совесть больную разбудит.
Совесть, что зависть точит,
И выедает до дна вина,
Совесть, которая без креста
От мертвых дел заболела
И от грехов обесточена,
Устала, увяла, себя заела;
Совесть, которая неспроста
Готова хоть в воду с моста;
Порочная совесть кричит,
Порочная совесть пророчит,
Нет правды в красивых строчках . . .
Да что это нас так водит?
Да кто это нас морочит?

Спасибо, что каждая
Капля Твоей крови
Кричит: "Я с тобою,
Дитя, держись",
Спасибо, что каждая
Капля Твоей крови
Несет в это кладбище жизнь!

Нью-Йорк, 05. 04. 02

*   *   *

Есть такая притча. Вышел человек на базар и стал продавать яблоки. Но торговля не шла, а он торопился и решил, чтобы не везти груз назад, на этот раз он просто раздаст яблоки и уйдет. Он стал кричать, чтобы брали яблоки бесплатно. Кричал, кричал, но народ проходил мимо, недоуменно пожимал плечами. Несколько человек остановились вдалеке и стали ждать, что будет. Может они ослышались, может это шутка? Голос продавца уже совсем охрип, когда к прилавку подбежал мальчик и возбужденно спросил: «Правда, бесплатно?» Увидев утвердительный кивок, он стал сгребать яблоки себе и . . . вот тогда набежала толпа: «дают—бери . . .»

Сейчас время, когда бесплатно раздают бесценные яблоки спасения. Не проходите мимо, не стойте поодаль выжидая. Будьте, как дети.

*   *   *

Поклонение—хлеб будущего.

*   *   *

Иногда мы скажем, а потом жалеем: это же надо теперь выполнять! Мы связываем себя своими обещаниями. Если мы по малодушию будем добрее своих возможностей, то окажемся под бременем постоянного гложущего чувства вины за невыполненные обязательства.

Лариса Хоменко

164

*«Услышав это, Иисус сказал
ему: еще одного недостает
тебе: все, что имеешь, продай
и раздай нищим, и будешь
иметь сокровище на небесах,
и приходи, следуй за Мною»* (От
Луки 18:22).

Руки мои, словно крылья,
Изломы меняют,
Ищут поддержки
И силы в Духе Святом,
Истина Божья
Потоком меня поднимает . . .
Слышу я голос:
«Тебе одного нехватает,
Чтобы парил ты
Для Господа Бога орлом!

Тебе недостает одно—
Продай имение—раздай его!»
Слова Иисуса в «яблочко» попали,
И отошел тот юноша в печали!

У каждого из нас «имение» свое
Между тобой и Богом оказалось,
И, если слышишь ты: «Тебе недостает
одно . . .»
Продай «имение»—раздай его!
Чтобы твои страницы продолжались.

Нью-Йорк, 05. 07. 02

165

*«И внезапно сделался шум с
неба, как бы от несущегося
сильного ветра, и наполнил
весь дом, где они находились.
И явились им разделяющиеся
языки, как бы огненные, и
почили по одному на каждом из
них» (Деяния 2:2,3).*

Скажи, что веришь,
и увидишь чудеса: Пятидесятница вернется,
Под солнцем воды
заблестят в глазах твоих расчищенных
колодцев,
Откроется простор,
и гордая земля от сна тяжелого проснется.

Все это точно будет на твоих глазах!
Скажи, что веришь, и увидишь чудеса!

Нью-Йорк, 05. 16. 02

166

Церковь Божья, ну, как дела?

Бог на моей стороне,
Если голод, если страда,
Бог на моей стороне,
Бог Авраама, Исаака, Иакова,
Бог на моей стороне,
Бог великий земли, небес,
Бог на моей стороне!
Бог триумфа, славы, чудес,
Бог на моей стороне,
И пусть планета качается,
Бог на моей стороне!
Бог никогда не кончается!
Бог на моей стороне!

Правильные слова!
Правильнее других!
Бог не против меня
—Он—за!
Он на моей стороне,
Знает всему времена.

Нью-Йорк, 05. 16. 02

* * *

Праведность—это когда добрые мотивы побуждают нас к добрым делам.

* * *

Бог знает только поклонников—Он не знает прихожан.

* * *

Если ты едешь по шоссе за гоночной машиной, то ты можешь непомерно разогнаться, не заметив скорости. Не ориентируйся на других в своей жизни. У тебя есть всегда свой пример—Иисус.

Лариса Хоменко

167

Не ищите руки, что дает,
ищите лица Его!

Смотри на все сквозь Божью верность,
Как самый точный прицел:
Бог—наша главная ценность,
Бог—наша главная цель!

Нью-Йорк, 05. 18. 02

168

Бог хочет быть в сердце,
Богу—первое место!
Сердце открой пошире,
Не сотвори кумира!
Бог хочет быть в сердце,
Освободи место!
Первое место всегда и во всем,
Он—наш герой, Он—чемпион,
Первого места достоин Он,
Везде и всегда только Он.

Верность Его велика,
На века!
На скрижалях –
Его рука.

Бог хочет быть
первым,
Бог хочет быть
главным,
Стань ты, как Он,
верным,
Ремни пристегни—
Взлетаем!

Нью-Йорк, 05. 18. 02

169

Не уходи в «Египет»,
Если голод.
Сегодня голод,
Завтра будет хлеб!
Не уходи в «Египет»,
Если голод,
Скажи «Египту»—нет.

Нью-Йорк, 05. 23. 02

*   *   *

Нельзя, чтобы возможные последствия греха или страх наказания определяли наши действия, двигателем должна быть любовь. Это самая правильная мотивация.

*   *   *

Вера найдет сверхъестественный выход.

*   *   *

Если перед духовым оркестром сядет человек и начнет есть лимон, то оркестр через некоторое время замолчит. Если сидящих рядом с тобой в церкви братьев и сестер угостить жвачкой, то через некоторое время помазание прославления будет «сжевано».

170

Не поливай посевы кислотой
Неверия, сомнений и депрессий;
Лишь дождь хвалы и радости уместен;
Лишь он поднимет колос золотой,
Создаст избыток в поле и в стадах;
Лишь он нальет зерно, амбар наполнит,
О хороводах свадебных напомнит,
Завяжет сочный плод в твоих садах.

Нью-Йорк, 05. 23. 02

171

«Утром сей семя твое, и вечером не давай отдыха руке твоей, потому что ты не знаешь, то или другое будет удачнее, или то и другое равно хорошо будет» (Екклесиаст 11:6).

Молись и трудись!
Молись и трудись для Бога!
Это призыв, вызов для всех,
Наша дорога!
Это девиз,
Наша крылатая песня!
И ты пробудись
С Божьим народом вместе!

Времени нету совсем,
Утром сердце «посей»,
В полдень, не уставая,
Хлеб голодным раздай,
Вечером воду с колодца
Жаждущим разлей,
Ночью от силы Божьей
Колосом спелым зрей!

Молись и трудись!
Молись и трудись для Бога!
Это призыв, вызов для всех,
Наша дорога!
Это девиз,
Наша крылатая песня!

И ты пробудись
С Божьим народом вместе!

Времени нет совсем,
Завтра, лишь встанет день,
Раздетых опять одень,
Голодных накорми,
И, души вот так «взрыхлив»,
Слова зерно посей,
Ночью от силы Божьей
Колосом спелым зрей!

Молись и трудись!
Молись и трудись для Бога!

Нью-Йорк, 07. 14. 02

172

«И сказал Исав Иакову: дай мне поесть красного, красного этого, ибо я устал. . . . Но Иаков сказал: продай мне теперь же свое первородство. Исав сказал: вот я умираю; что мне в этом первородстве?» (Бытие 26:30-32).

Я устал
От навязчивых мнений,
От глобальных идей,
От пустых откровений,
От снов и видений,
От чужих и своих сомнений,
От суждений и осуждений,
И от срочных решений,
Никуда от которых
Не денешься . . .
И безденежье . . .

Я устал
От суеты и топота,
От болтовни и ропота,
От елейного прессинга,
От духовного месива,
От служения опытом,
От заплечного шепота,
От нелепых вопросов,
От людей, входящих
Без стука . . .
И разлука . . .

Лариса Хоменко

Я устал
От жестоких-жестоких,
Но «очень духовных»,
От осколков старых,
От расколов новых,
От чужих в моем здании,
От нагих притязаний,
От отсутствия друга,
От тупых по собственной
Воле,
И застолье . . .

Я устал,
Где привал?
Хочется есть и спать,
Одежду святую снять,
Сказать, что все продается . . .
И первородство.

Нью-Йорк, 07. 11. 02

* * *

Если не искать призвания и не делать попыток реализоваться, то начинается духовный рахитизм.

* * *

Стоящий перед Богом на коленях, не упадет, не собьется с пути и не оступится.

* * *

Иногда мы похожи на людей, которые так тщательно смотрят под ноги, чтобы не оступиться, что не видят солнца, рассвета, заката, звезд, моря и леса, и, в конце концов, не видят, что они уже давно идут не туда, куда надо. Я не против осторожности, но лучше иногда споткнуться и набить синяк, чем все время смотреть под ноги.

173

Слишком заняты мы для Бога,
Каждый знатен тем, чем занят;
Служим, Бога не замечая,
Лезем вон из собственной кожи,
Строим башни свои и домы,
Ну а надо бы—церковь Божью.

Нью-Йорк, 07. 11. 02

174

«Мы живем в царстве князя мира сего, поэтому пока Бог не может ничего делать без нашей молитвы» (из проповеди).

Ничего не происходит без молитвы.
Пусть даже страсти кипят и битвы,
Пусть даже булькает все и бродит,
Но ничего так и не происходит.

Без молитвы ничего не происходит!

Нью-Йорк, 07. 01. 02

175

Потеряв дыхание жизни . . .
Потеряв движения пульс,
Умирают церкви, как люди,
Покидает церкви Иисус;

Обрезают сухие ветви,
И курятся костры, прогорая,
Каждый день умирают церкви,
Никого на земле не спасая.

Нью-Йорк, 07. 01. 02

*   *   *

Иисус Небо и землю Собой примирил. Служение примирения.

*   *   *

Почему Господь побуждает нас приносить плод? Потому что нет более сильного удовлетворения, чем удовлетворение от рождения чего-то. Он хочет каждый раз дарить нам эту радость. Каждый стих, песня, танец, спектакль, книга—все это Его поддерживающая рука в нашей нелегкой земной жизни, это Его радости.

*   *   *

Смириться перед Богом—это значит запретить страху, робости, сомнению, собственным планам и амбициям, своим желаниям, похоти . . . всем делам плоти становиться между нами и волей Божьей в нашей жизни; воспротивиться всему тому, что может Божью волю остановить, ограничить или отложить.

176

*«Мы помним рыбу, которую
в Египте мы ели даром, огурцы
и дыни, и лук, и репчатый лук
и чеснок, а ныне душа наша
изнывает; ничего нет, только
манна в глазах наших» (Числа
11:5-6).*

Опротивела манна,
Эта пища пустыни,
Эта пища негодная
Застряла в горле.
Нет ни хлеба, ни лука,
Огурцов нет и дынь,
Даже жалкое рабство
Все же лучше пустынь.

Моисей,
Разве здесь живут?
Лишь пустыня
И пища пустыни,
И глаза пустыни,
И слова пустыни
Вокруг.

Моисей,
Ты не знаешь преданий?
Разве мало страданий,
Разве нужно еще добавлять,
Днем жара, ночью тьма и стенанья . . .
Ты зачем нас привел на закланье,

Ты зачем нас привел умирать?
Моисей,
Разве мало было страданий?
Разве мало было страданий?
Разве нужно еще добавлять?

Нью-Йорк, 07. 15. 02

Лариса Хоменко

177

*«Но никто не говорит: где Бог,
Творец мой, Который дает песни в
ночи . . .» (Иов 35:10).*

Помолчи
И послушай Бога,
Когда тебе плохо.
Когда тебе плохо,
Закрой уста,
Не ищи ответов
Ни в умных книгах,
Ни в умных советах.
Ты сразу ответов
Не сыщешь нигде . . .
Посиди в темноте . . .

Внимай
Темноте поучающей,
Скажешь после,
Когда в сердце
Уляжется драма
И вернется покой,
И тогда ты
Расскажешь всем,
Что сказал тебе Бог,
Тебе одной.

Посиди
И послушай Бога,
Когда тебе плохо.

Когда тебе плохо,
Ты сразу ответов
Не сыщешь нигде . . .
Птицы учатся петь
В темноте.

Нью-Йорк, 07. 16. 02

178

От чего приходит усталость?
От суеты бесцельной, от скуки,
От отсутствия изменений,
От человеческого бремени,
От того,
Что ты с Богом
в разлуке.
Не ищи пещеру в пустыне,
Где сердце твое остынет,
Где ты, прислонясь к стене,
В тревожном забудешься сне.
Не надо людей случайных,
Не надо «вагонных» встреч,
Зайди в свою комнату тайную,
И Богу «уткнись» в плечи.
И все расскажи: об усталости,
О том, что сгорел, и о старости;
Скажи откровенно и ясно,
И просто, как есть, без прикрас,
Скажи, что выходишь из власти,
Выходишь из всякой власти
Иезавелей, ахавов-удавов,
Признавая лишь Божью власть.

Нью-Йорк, 07. 17. 02

*　*　*

Выход на сцену для проповеди—всегда шаг веры.

*　*　*

Духовное горение заразительно, мы зажигаемся друг от друга.

*　*　*

Раздражительность—зло, а для служителя, особенно.

179

Девочка с куклой—
Это не мать—это всего игра.

Перестаньте в церковь играть,
Перестаньте, уже пора!

Нью-Йорк, 07. 23. 02

180

Ты сверяй свое сердце по Божьему,
И пусть бьется оно в унисон,
Ты сверяй свой полет построже,
Чтоб не сбиться с пути,
Чтоб не сбить других,
Чтоб дойти.
Проверяй высоту по Присутствию,
Ну а время, что быстро летит,
Ты сверяй всегда по Иисусу,
Чтоб не сбиться с пути,
Чтоб не сбить других,
Чтоб дойти.

Нью-Йорк, 07. 23. 02

181

«*Во время прославления каждому передали маленькую свечу. Пастор зажег одну, и огонек передавали друг другу. Вскоре весь зал трепетал нежными голубоватыми огоньками. Потушили свет и, благоговея от Божьего присутствия, опустились на колени. Это был незабываемый момент поклонения*» (*Из свидетельства*).

От свечи к свече
огонек свети,
Зажигай свеча
огонек души.
Эстафетой идет
он по ряду,
Этот трепетный
маленький факел.

Защити огонек ладонью,
Заслони огонек от боли
И от ветра, чтоб он не погас,
И чтоб вера твоя зажглась.

Нью-Йорк, 07. 23. 02

* * *

Люди говорят гадости—не слушай, *«не слова ли это?» (1-я Царств 17:29).*

* * *

Лишь Богу, Ему одному удалось возвысить эгоистичное, корыстное человеческое сердце (каким оно стало после грехопадения) до служения другим людям.

* * *

Строя башню имени своему, ты строишь башню своего разочарования.

182

Пусть ангелы смотрят твоими глазами,
Иисус пусть владеет твоими устами,
Пусть руки тебя, как орла, поднимают,
Пусть ноги твои никогда не устанут.

Пусть сердце твое никогда не остынет.
Ты знаешь, пока ты живешь на планете,
В счастливых местах и безводных
пустынях
За тех, кто доверился, будешь в ответе.

Нью-Йорк, 07. 26. 02

183

Ты сказал—и мир возник:
Звуки, краски, ароматы,
Многоцветие заката,
Света лунного разлив.

Ты сказал—и дождь из туч
Опрокинутых пролился,
Ты сказал—и я родился,
Как пробился солнца луч.

Сотворен не по наитью,
Ты сказал—и я родился,
Я в Тебе цветком раскрылся,
Я в Твоей руке—событье.

Нью-Йорк, 07. 26. 02

Лариса Хоменко

184

Ангельский хлеб
Падает с неба
Даром . . .
Жаркая клетка
Египта уже
Не рядом . . .
Свобода и хлеб . . .
Что еще надо,
Израиль?

К чуду привыкли,
Рабство забыли,
Забыты исправно
И кнут, и исправник,
И те, кто забиты,
Исправно забыты.
Египет с кнутами
Репчатым луком
Пахнет, и огурцами
В памяти густо
Приправлен . . . вкусно,
Народ прихотлив,
Неблагодарен,
И недоволен
Свободой:
—Подумаешь, хлеб
Падает рядом,
—Подумаешь, радость,
В нем сладость?

—Вырван из ада?
Не надо, а знал ли
Я рай?
Вот мясо—да, знал . . .
Мясо я раньше знал,
И странный какой—то
Этот ваш хлеб . . .
Трагедий вокруг
Масса, пусть так . . .
И я хочу мяса!
Мяса хочу на всех!

И падает манна,
И падает манна,
И падают
Люди в грех.

Нас прихоть свалила,
Мы катимся вниз,
И душами нашими,
Нашими душами
Страстно и властно
Владеет каприз.
Владеет умами,
Трагедий нам мало—
Еще обставим
Пустыню гробами.
Не рвется одежда,
Но рвется надежда,
В палатках
Слышится стон.
Народ осужден.
Пустыня ночью

И днем,
Пустынный закат,
Пустынный рассвет,
Пустыня,
пустыня,
пустыня
За ропот на 40 лет.

Нью-Йорк, 07. 26. 02

*   *   *

«Носите бремена друг друга...» (К Галатам 6:2), но не позволяйте на себе «ездить».

*   *   *

Люди искусства иногда думают, что только они могут дать что-то другим, потому что они хрупкие, «тонкие», мыслящие, чувствующие. Бог, мол, конечно, понимает, что со мной Ему очень повезло, и Он изберет меня в качестве Своего драгоценного сосуда.

Правда в том, что Бог использует всех желающих. Но любой сосуд, который Он использует, Он сначала сокрушает, а попросту разбивает, а потом склеивает. Многократно в течение жизни повторяет Он это, и склеенный Богом сосуд становится прочнее, чем новый. Наверно, отсюда пошла поговорка «за битого—двух небитых дают».

Согласен ли ты, чтобы с тобой так поступали? Насколько ты согласен, настолько и сможет Бог тебя использовать.

*   *   *

Там, где Иисус—Господин, там он наводит Свой порядок. Может быть, Иисус не чувствует себя Господином, когда приходит к тебе?

185

Не опускай оружье,
Сестра,
Не опускай оружие,
Брат,
Отбери у тревоги
Сердца,
Укрепи свои ноги
У врат.

Не опускай оружие,
Брат,
Не опускай оружье,
Сестра,
Не сдавайся нигде,
Никогда,
Никогда, никогда,
До конца.

Нью-Йорк, 07. 26. 02

186

«...говоря им: написано: дом Мой
есть дом молитвы, а вы сделали
его вертепом разбойников» (От
Луки 19:46).

Снимите маски,
Сотрите краски,
Не играйте
В игры с Богом
Смиренным видом,
Библейским слогом.
Как когда-то
Входил Он в храм,
Он сегодня
Войдет и к вам.
Все увидит
Он и решит:
Дом молитвы
Или вертеп.
И, если вертеп,

Столы опрокинет,
И декорации,
И реквизит . . .
Таким будет
Его ответ.

Нам нужно решить,
Сейчас решить:
Может ли Иисус
Без стука войти

Лариса Хоменко

В нашу тайную
Жизнь?

Можно ли Иисуса
Без страха
Впустить за кулисы,
Дорогие братья,
Дорогие сестры,
Дорогие артисты!

Нью-Йорк, 08. 26. 02

187

Мой грех омыт,
Мой стыд забыт,
Твоя, Иисус, заслуга в том,
Что мы увидимся потом
В заветном граде Божьем.

Чтоб встреча наша состоялась,
Чтоб мы с Тобою танцевали
Прекрасный танец в зале тронном,
Ты заплатил бесценной кровью.

Ты пролил кровь,
Явил любовь,
Твоя, Иисус, заслуга в том,
Что мы увидимся потом
В заветном граде Божьем.

Чтоб встреча наша состоялась,
Чтоб мы с Тобою танцевали
Прекрасный танец в зале тронном,
Ты заплатил бесценной кровью.

Мой Принц пришел,
Меня нашел.
Твоя, Иисус, заслуга в том,
Что мы увидимся потом
В заветном граде Божьем.

Чтоб встреча наша состоялась,
Чтоб мы с Тобою танцевали
Прекрасный танец в зале тронном,
Ты заплатил бесценной кровью.

Нью-Йорк, 08. 10. 02

* * *

Нужно, как точку на горизонте, найти видение от Бога. Потом, сконцентрировав духовные глаза на Иисусе, чтобы не потерять направление, надо бережно и верно нести его, это видение от Бога, по жизни, чтобы Бог мог использовать наш предельный потенциал. Он во всем жаждет нашего с Ним единства.

Только при движении не надо смотреть под ноги, чтобы не спутать видение с возможностями.

* * *

Не обманывайтесь, человека плотского, по-настоящему, беспокоит только то, что касается его лично.

* * *

Мой путь земной ведет меня к Отцу.

188

Любовь Моя—открытый океан
Из вод прозрачных, света и тепла;
И там, где небо трогает волна,
Любовь Моя касается тебя.

На землю опускается туман,
Пронизанный лучами, как мечта;
И там, где волны трогают туман,
Любовь Моя касается тебя.

Любовь Моя—открытый океан
Для корабля большого и челна;
И там, где сердце оттолкнет обман,
Любовь Моя касается тебя.

Нью-Йорк, 08. 16. 02

189

Слышу Божьи Слова:
«Поживи для Меня,
Я прошу, поживи,
Жизнь—короткое поле.
Поживи для тепла,
Поживи для любви,
Поживи . . . на воле».

Нью-Йорк, 08. 16. 02

190

«О земля, земля, земля! Слушай Слово Господне» (Иеремия 22:29).

"Ибо так говорит Господь Саваоф: рубите дерева и делайте насыпь против Иерусалима: этот город должен быть наказан; в нем всякое угнетение. Как источник извергает из себя воду, так он источает из себя зло: в нем слышно насилие и грабительство, пред лицем Моим всегда обиды и раны. Вразумись, Иерусалим, чтобы душа Моя не удалилась от тебя, чтоб Я не сделал тебя пустынею, землею необитаемою» (Иеремия 6:6-8).

«Так говорит Господь: остановитесь на путях ваших и рассмотрите, и расспросите о путях древних, где путь добрый, и идите по нему, и найдете покой душам вашим. Но они сказали: 'не пойдем'» (Иеремия 6:16).

Раздувальный мех обгорел,
И свинец от огня истлел,
И Плавильщик старался зря,
Не отпали злые от зла.

Все они отступники и развратители,
Все живут клеветой и злом,

Их Господь отвергнул, и назовут теперь
Их отверженным серебром.
Для чего Мне ваш ладан из Савы
И тростник зачем благовонный?
Жертвы ваши стали Мне неприятны,
Всесожжения—неугодны.

Посему положу преткновения . . .
Вот идет он от края земли,
Народ разный идет и северный,
Его голос, как море, шумит.
Лук и копья в его руках,
Как один, на лихих конях,
Чтоб сразиться сейчас с тобой.
Вот—внезапный губитель твой.

Нью-Йорк, 08. 27. 02

*   *   *

«О, вы, напоминающие о Господе! не умолкайте» (Пророка Исаии 62:6). Это же к церкви! Эй вы, молчащие христиане!

*   *   *

Почему Господь говорит «проси»? Потому что именно так начинается человеческое общение. Как правило, человеческая заинтересованность дает начало всяким отношениям. Малыш говорит «дай-дай»—это его первое слово. И если даже это «на-на-на», то все равно имеется в виду «дай». Мы пробиваемся сквозь свою жизнь, практически, только для того, чтобы сказать кому-то: «Дай». Дай деньги, время, внимание, тепло, заботу, участие . . .

Бог говорит приблизительно так: хорошо, Я знаю твою суть, только проси не у людей, а у Меня, дай Мне возможность отвечать тебе. Пусть у нас завяжется диалог, отношения, чтобы ты увидел Меня в действии, узнал Меня в реальности твоей жизни. Бог хочет завязать с нами настоящую дружбу, вот что значит Его «проси».

*   *   *

Из серии здорового образа жизни. Делай зарядку, принимай душ, чисть зубы . . . каждый день.

Покайся, прости всех, читай Библию, молись с верой, свидетельствуй . . . каждый день.

191

«Ныне ваш избыток в [восполнение] их недостатка; а после их избыток в [восполнение] вашего недостатка, чтобы была равномерность, как написано: кто собрал много, не имел лишнего; и кто мало, не имел недостатка» (2-е Коринфянам 8:14,15).

Нынче ваш преизбыток—
Восполнение чьей-то нужды;
Завтра ваша нужда да
Восполнится чьим-то избытком . . .

Хлеб по водам пускай,
Не жалей, отдавай, не держи.
Отдавая лишь, будешь
Одетым, обутым и сытым.

Отдавай, будет
Воздуха больше в
Душе, гараже и сарае,
Не храни чердаки
Старой памяти,
Черного дня сухари,
В полутемных подвалах
От всякого хлама
Расчисти завалы,
Чтобы не пропадала
Манна,
Чтобы моль

Не напала нежданно,
Чтобы ржавчина
Не разъедала металл . . .
Отдавай!

Отдавай, ты увидишь,
Не в луже закаты,
Ты размах увеличишь
Для крыльев своих,
Ведь не только, чтоб ставить
На мехи заплаты,
Нам даются сегодня
Земные пути.

Расчищая плацдармы для Божьей судьбы,
Хлеб по водам пускай, отдавай, не держи,
Просто помни: в твоем преизбытке сегодня
Ты—канал в восполнении чьей-то нужды.

Нью-Йорк, август 2002 г.

192

Я пишу на песке Твое имя,
Море имя Твое ласкает,
Я пишу на песке Твое имя,
А оно под волнами тает,
Я пишу на песке Твое имя,
Я и море в упорстве едины,
Я пишу на песке Твое имя,
С вечным бегом вступив в поединок.

Пусть имя Твое да святится
И миг тот, когда
Ты решишь возвратиться,
И свет в небесах золотой возгорится,
И сбудутся наши мечты.
И буду я ждать Тебя трепетно
У края планеты с букетами . . .
У края планеты с букетами,
У жизни, у самой у черты.

Нью-Йорк, 09. 03. 02

193

Логос-графос-ремо

Слово было у Бога всегда,
Слово было в начале начал;
Бог Его записал, чтобы ты,
Пробудившись, его прочитал;
Чтобы Слово струной зазвучало,
Озарилось чудесным светом,
Ожило, глубоко задышало,
Стало радостью и советом;
Чтобы то, что сказал тебе Бог,
Наконец, ты услышать смог.

Чтобы верой твоей растворенное,
Божье Слово в судьбе заработало.

Нью-Йорк—Амстердам, 10. 05. 02

*   *   *

Нужно время, чтобы вырастить прекрасный и хрупкий цветок верности: надо его поливать, охранять, ухаживать. Верность воспитывается верностью, она с верности берет пример, она питается верностью. Наша верность основана на Божьей вере и верности. Как похожи эти слова: вера и верность! Вера выращивает верных.

*   *   *

Бог дал нам обязанность, право и власть отпускать измученных на свободу.

*   *   *

Одиночество—это не тогда, когда ты физически один, а когда вокруг тебя люди, которые не знают и не хотят знать Бога.

Лариса Хоменко

194

"Ты знаешь, когда я сажусь и когда встаю; Ты разумеешь помышления мои издали. Иду ли я, отдыхаю ли—Ты окружаешь меня, и все пути мои известны Тебе. Еще нет слова на языке моем,—Ты, Господи, уже знаешь его совершенно. Сзади и спереди Ты объемлешь меня, и полагаешь на мне руку Твою» (Псалтирь 138:2-5).

Возьму я крылья зари,
Возьму я крылья орла,
На край земли улечу . . .
Смогу ль улететь от Тебя?

На небо взойду, Ты—там,
Не спрячут меня облака;
В долину сойду, Ты—там . . .
Смогу ли уйти от Тебя?

Ты знаешь, о чем я молчу,
Когда иссякают слова . . .
Я тайные мысли свои
Смогу ль утаить от Тебя?

Твоя рука на плече,
Твой Дух окружает меня,
Заранее знаешь мой путь . . .
Куда я уйду от Тебя?

Высокие мысли Твои
Постигну я вряд ли когда . . .
Но, веря в Твою любовь,
Зачем мне бежать от Тебя?

Нью-Йорк, 10. 28. 02

195

Мои города в Тебе
Восстанови
На мир.

Свободу мою в Тебе
Проговори
В любви.

Надежду мою в Тебе
Звездою зажги
Вдали.

Стеною Твоей любви
Меня огради,
Храни.

Нью-Йорк, 10. 28. 02

196

Ты сказал, и солнце с утра воссияло,
Ты сказал, и семя в земле проросло,
Ты сказал, и капли росы засверкали,
Ты сказал, и море алмазом зажглось,
Ты сказал, и ветры волну расплескали,
Ты сказал, и осень огнем расцвела,
Ты сказал на Голгофе: «Свершилось»,
Ты сказал . . . и ко мне возвратилась весна.

Нью-Йорк, 10. 29. 02

*   *   *

Мы должны держать голову высоко, но не от гордости или высокомерия, а от чувства уверенности в Боге (скорее безопасности);

Мы не должны задирать нос, но не от чувства неполноценности, а от сознания, что всему хорошему в нас мы обязаны Богу.

*   *   *

Каждому искреннему служителю Господь дает свое лицо: один воюет, другой успокаивает, третий учит, четвертый ищет выразить истину в творчестве. Все не похожи друг на друга, все бесконечно дороги Отцу, и никто никому не должен завидовать или мешать.

Стараясь всеми силами подражать Отцу, ищи свое лицо в Боге.

*   *   *

Не интересуйтесь размером зарплаты сотрудника, чтобы не стать жертвой зависти.

197

Приходи ко Мне на свидание,
Несмотря на ветер и лень,
Я открою тебе Свои тайны,
Приходи ко мне каждый день.

Приходи, Я тебя ожидая,
Сохраняю верность Свою,
Приходи, Я в тебе нуждаюсь,
Я тебя, как сына, люблю.

Приходи ко Мне на свиданье,
Как Иисус ко мне приходил,
У Меня для тебя заданье,
Порученье Моей любви.

Нью-Йорк, 11. 13. 02

198

Я рожден от Духа,
Я спасен от смерти.
Слышало ли ухо
Что-либо чудесней?

Нью-Йорк, 11.13. 02

199

Я сегодня Тебя выбираю,
И Тебе я сегодня себя посвящаю,
Я от планов своих и от дел отрекаюсь,
Каюсь.
Я сегодня Тебя выбираю,
И Твою я судьбу для себя призываю,
Я от жизни с «грехом пополам» отрекаюсь,
Каюсь.
Я сегодня Тебя выбираю,
Грязь, обиду, проклятье, неверье снимаю,
Я от прошлых привычек сейчас отрекаюсь,
Каюсь.
Я сегодня Тебя выбираю,
Чистоту и любовь на себя примеряю,
От бунта против Бога сейчас отрекаюсь,
Каюсь.

Нью-Йорк, 11. 13. 02

*   *   *

Каждый может стать царем в своей жизни и на своем месте.

*   *   *

Он мир, что Его распял, с Голгофского креста обнял.

*   *   *

Показателем единства внутри церкви является отношение к Израилю (к евреям) каждого члена церкви в отдельности. Единство церквей определяет тот же критерий.

200

Я сегодня Тебя выбираю,
На века—на века, навсегда,
Каждый день я Тебя выбираю,
Как когда-то Ты выбрал меня.
Я сегодня Тебя выбираю,
Как прекрасно, что выбор у нас,
Наконец, совпадает.

Нью-Йорк, 11. 13. 02

Бумеранг лукавства

(эссе)

Нам в лукавстве упражняться опасно,
Потому что Бог не любит лукавства.
(От автора)

Есть удивительные слова в Библии: «. . . *и воздал мне Господь по правде моей, по чистоте рук моих пред очами Его. С милостивым Ты поступаешь милостиво, с мужем искренним—искренно, с чистым—чисто, а с лукавым—по лукавству его . . .*» (Псалтирь 17:25-27).

Если верить, что Бог есть, а в это верит, все-таки, абсолютное большинство, то эти слова должны заставить нас остановиться и задуматься. Поступаю ли я, действительно, милостиво, чтобы в ответ ожидать, что и Бог будет оказывать мне милость? Достаточно ли я сам искренен с людьми, чтобы ожидать от Бога того же по отношению ко мне? И, в конце концов, достаточно ли я чист? И дальше, в Библии написано: «а с лукавым—по лукавству его». С ужасом обращаю внимание на то, что слово «его» с маленькой буквы. Это значит, дословно, что Бог будет подражать нам, тебе и мне, в наших качествах! Так что, стоит ли стараться

167

преуспевать в собственном лукавстве, если оно возвращается бумерангом к нам же?

Есть история в Ветхом завете—история об Иакове. Вы знаете, что Иаков, один из трех патриархов Израиля, был очень лукавым человеком. Он воспользовался голодом брата Исава и выманил у него право на первородство за чечевичную похлебку. Он обманул слепого отца, притворившись своим братом Исавом, и получил отцовское благословение первенца в семье, не принадлежащее ему по праву рождения. Преследуемый братом, он убежал из дома. Но ушел ли он от справедливости и возмездия? Через много лет его лукавство, связанное с первородством, больно ударило через его брак. Полюбив красавицу Рахиль, он проработал семь лет пастухом у дяди, чтобы получить ее в жены, а оказался в брачной постели с ее старшей некрасивой сестрой Лией, у которой, к тому же, было плохое зрение. А потом ему пришлось еще семь лет, как один день, проработать за Рахиль. Вот и получилось, «с лукавым—по лукавству его».

Нью-Йорк, 2001 г.

По глазам Иисуса

(эссе)

Раньше я узнавала по глазам только евреев. Независимо от места рассеяния, у них есть какое-то особенное, характерное только для евреев, выражение . . . смесь ожидания, грусти и неистребимого оптимизма.

Сейчас, кроме евреев, я узнаю глаза служителей Христовых. Они все разные по разрезу и цвету, но я узнаю их в любой толпе, в любой церкви. И, когда я вижу дорогие мне глаза, уютный огонек загорается в моем сердце, и приливает радость. Теплеет на сердце от мысли, что у меня есть везде братья и сестры, которые служат Господу день и ночь. Что на наших границах, границах Божьего царства, есть укрепления, где они стоят насмерть, как сторожа на башне. Это не пастор, это Господь поставил Своих сторожей, он доверил им Свои пределы. Он знает, что они не будут умолкать при приближении врага и не сдадутся при продолжительной и изнурительной осаде.

Мне становится спокойнее, когда я думаю, что есть пропускные пункты, прикрытые пасторами, молитвенниками, ашерами, учителями, музыкантами, миссионерами. И, когда я вижу эти родные лица, вижу в их глазах Иисуса, вижу, что они не дремлют, что они на посту, мне хорошо. Я благословляю их мысленно, когда они появляются перед глазами. Благословляю их на труд, как на подвиг и на радость одновременно, и призываю всю Божью милость и благодать на их жизни.

Я знаю, это мой строй, я не одна. Впереди и сзади, справа и слева чьи-то плечи. Когда мы молимся, я чувствую локоть стоящего рядом, и его проблемы врываются болью в мое сердце. Я мысленно беру стоящих рядом за руки и лечу на крыльях, которые вырастают тут же, на крыльях молитвы, лечу к Нему. Я несу чужие проблемы, наклонив от напряжения голову, сопротивляясь встречному ветру. Я пробиваюсь через толщу атмосферы и выхожу на ровную и свободную дорогу перед Его ясным взором. Две руки в моих руках, две ладони доверили мне свою судьбу для ходатайства перед Всемогущим. Как я могу подвести их? Я сейчас в ответе за мой маленький «клин».

Кому-то сегодня трудней, но он стоит в проломе, я—с ним. Кто-то счастлив, я принимаю позывные его радости всей своей внутренностью, во мне все подпрыгивает в ответ на его радость. Сегодня у меня победа, и я со всеми делюсь ею, и моя победа укрепляет веру братьев и сестер. Моя победа—не только моя, она вообще, по большому счету, не моя, это Его победа, Того, Кто отдал Свою жизнь за всех нас. Сегодня, поэтому, эта победа принадлежит всем. В ней есть частица для каждого. Я не буду называть их по именам, потому что могу кого-то пропустить, но они все без ошибки и просчета перечислены в Книге Жизни, и

это самое главное. А мы и так знаем друг друга . . .
по глазам Иисуса.

Нью-Йорк, 03. 06. 04

Традиции, ритуалы, привычки . . .

В современном христианстве мы привыкли эти слова применять вместе через запятую и придавать этой группе слов отрицательный, и даже какой-то бранный оттенок, подразумевая, что это все, как бы, предрассудки, воплощение той *«буквы»*, которая *«убивает»* в отличие от *«духа»*, который *«животворит»*. *(2-е Коринфянам 3:6)*.

Но всегда ли это правильно? Разве нарядный и торжественный ритуал не поможет сделать вашу счастливую свадьбу ярким, запоминающимся событием? Разве красивые традиции дарить подарки в день рождения, задувать свечи, отпускать на волю голубей, отвязывать шары, фотографироваться на память и другие кому-то могут повредить?

А привычки? Давайте о привычках поговорим подробнее. Все ли привычки плохи? Например, привычка умываться и чистить зубы? Мы же не говорим, что, мол, жизнь его была наполнена сплошными предрассудками: по утрам он принимал душ, чистил зубы, бегал в парк на зарядку. Мы можем только посетовать, что не у всех эти «предрассудки» хорошо укоренились.

Именно привычки со временем создают свод внутренних потребностей человека. Нам «не уютно», например, беседовать, что называется, о высоких материях, в неубранной комнате, хочется сначала ее привести в порядок. Не хочется читать книгу за грязным столом, это лишает нас удовольствия от чтения. А, если после сна мы не подвигались, не приняли душ, не почистили зубы, то что-то не так, ощущение дискомфорта не покидает нас целый день. Мы должны «окружить» себя хорошими и полезными для жизни и здоровья привычками: нормально питаться, аккуратно одеваться, вставать рано, выполнять задания в школе, хорошо работать на работе, уважать людей и т.д. Складываясь вместе, привычки, создают наш уклад, образ жизни, формируют наш облик.

Но чтобы они появились, надо проявлять усилия. В самом выражении «вырабатывать» привычки заложена необходимость работать над собой в определенном направлении. Заметьте, мы сейчас говорим о хороших физических привычках, то есть, о тех привычках, которые делают нас благополучными в физическом смысле. Кстати, чтобы появились плохие привычки, например, лениться или переедать, никаких усилий прилагать не надо.

А что можно сказать относительно духовных привычек, о которых мы узнали, когда пришли к Богу? *« . . . потому что Бог производит в вас и хотение и действие по Своему благоволению» (К Филиппийцам 2:13)*, то есть Бог делает Свои желания нашими «хотениями», а мы, прикладывая усилия, превращаем Его желания в наши духовные навыки, из которых складывается наш духовный уклад, духовный образ жизни, духовный облик. Все то—же, что и на физическом уровне, но со словом «духовный». Духовный облик—это наша сущность, стержень, который держит нас в жизни, наша внутренняя система, без которой мы, увы, «разлагаемся».

Читать Библию, молиться, поклоняться Богу, прощать и благословлять ближнего и врага, не обижаться на людей и на Бога, воспитывать благодарное сердце, не роптать, не быть эгоистом, быть верным и честным в большом и малом, проявлять гостеприимство, доброжелательность, общительность и т.д. Все это, я считаю, полезные духовные привычки.

Во всем, что касается духовных навыков, мы кооперируем с Духом Святым. Это Он руководит нашим чтением Библии и молитвой. Но чтобы Дух Святой смог проявить Себя в молитве, каждый из нас лично должен открыть свои уста и молиться. Чтобы Дух Святой мог говорить с нами через чтение Библии, мы должны, как минимум, открыть Библию и начать ее читать. Дух Святой не станет хватать нас за полу и останавливать. Если мы все время заняты другими делами, куда-то торопимся, бежим, мы просто не услышим Его голоса, не заметим Его помощи.

В каждом царстве свои законы, свои ценности и свои привычки. Из какого это царства привычки: грубить, лгать, воровать, не почитать других людей, пить, курить, блудить, лениться, жить в праздности? Это из царства тьмы. Заранее скажу словам поэта, что «нам туда не надо». В Божьем царстве другие законы, другие ценности и абсолютно другие привычки, ибо здесь над всем царит любовь.

Приобретая полезные духовные привычки, мы становимся частью Божьего царства, обитателями его и его наследниками. Посредством духовных привычек Бог приобщает нас к Своим делам, то есть делает нас Своими сообщниками, *«причастниками Божеского естества» (2-е Петра 1:4)*. Таким образом, привыкая к Божьим требованиям и внедряя их в жизнь, мы участвуем в искупительном процессе нашей души, процессе, который начался в миг покаяния и длится всю жизнь.

Духовное от физического, в смысле привычек, часто трудно отделить: где кончаются чисто физические навыки и начинаются духовные. Например, как ты проявишь гостеприимство, если не организован или ленив, не следишь за чистотой, не знаешь, как покормить людей? Это все взаимосвязано. Поэтому надо прилагать все усилия, чтобы развивать здоровые привычки как те, так и другие, для гармоничного развития физического и духовного здоровья.

Предлагаю вам маленькую притчу для размышления о вопросах нашего разговора. «Некто» решил привести свое тело в порядок, вернуть былую спортивную форму. Для этой цели он собрал свой спортивный костюм, «собрался с духом» и пошел в гимнастический зал. Там его радушно, но строго встретил тренер, составил комплекс упражнений, определил нагрузки, расписал занятия по дням и часам. Все это он вручил лично нашему «некту» и велел приходить завтра, а сегодня внести плату за ближайший месяц. «Некто» посмотрел, подумал, подсчитал затраты. «Нет,—сказал он сам себе,—это дорого, долго и трудно, пойду-ка я в церковь и помолюсь, попрошу Бога, чтобы Он сделал меня сильным и стройным. Бог все может, и притом, бесплатно, не то, что этот тренер».

Поразмышляем над этой ситуацией. Не отрицая, что Бог может все и бесплатно, то есть, что Он всемогущий и великодушный, я задам вопрос: будет ли Бог по моей молитве делать меня сильным и стройным сверхъестественным путем? Или Он предпочтет естественный путь? Скорее всего, он отправит меня назад в спортзал к тренеру, Его «представителю» на земле по вопросам физического воспитания, чтобы под непосредственным руководством тренера я стала прикладывать усилия и работать над своим телом, черпая силу и настойчивость (все это мне понадобится) у Бога, и одновременно вырабатывая полезные для жизни физические и духовные навыки?

Если бы Бог, предположим, сотворил чудо, а Он, суверенный и всемогущий, может все, как я уже говорила, нарастил мышцы, где надо, убрал жир, где не надо, короче, привел фигуру в порядок сверхъестественным способом на глазах у всех, поразив воображение многих сегодня, то уже завтра у вас возникла бы проблема, как это все сохранить хотя бы на ближайший год. Навыков к физическим упражнениям нет, к здоровой пище вы не приучены, настойчивости в достижении цели нет, терпения нет, нет привычки контролировать свои потребности и т. д и т.п. Почему я утверждаю, что всего этого нет? Потому что, если бы было, то вам не нужны были бы Божьи чудеса в этой области. Большая проблема—сохранить Божье чудо на уровне ежедневного реального применения. Я думаю, что не будет покушением на Божий суверенитет сказать, что Бог не станет творить подобные чудеса. Впрочем, может быть, вы слышали о чем-нибудь подобном? Я—нет.

Бог—не Золотая Рыбка, не печка-самоходка, не палочка-выручалочка, и даже не цветик-семицветик. Не пользуйтесь опытом сказок из атеистического детства, чтобы представить Бога. Он нас любит, Он наш мудрый Отец, во всех наших отношениях с Ним Он заранее предопределил роли, расписал обязанности нашей кооперации с Ним, как всегда, для нашего же блага. Он исцелит наши десна по молитве, но, при этом, зубы чистить должны мы; Он дал нам уникальное тело, но вот осанку и оптимальный вес сохранять должны мы т.д. Вот так Он работает с нами.

Можно провести много параллелей между физическими и духовными привычками. Для нашего духа—мы читаем Библию, чтобы *омывать себя банею Слова»;* для тела—мы моемся под душем, принимаем ванну. Для духа—мы не пойдем в злачные места и темные подворотни, туда, где пьют, дерутся, сквернословят, где можно споткнуться и впасть в грех; для тела—мы не ходим по лужам, по грязи, мы бережем свою одежду от несмываемых пятен. Для духа—мы «питаемся» словом в своей церкви или в разрешенных пастором местах, читаем рекомендованную лидерами литературу, дозируем информацию; для тела—мы не берем пищу из чужих рук, не поднимаем с пола, не едим в непроверенных местах, не переедаем.

Для духа—мы должны тренироваться уходить от обид, от ссор, от непрощения, от неверия, от неправильных исповеданий (утверждений); для тела—мы должны делать зарядку, двигаться, тренировать свои мышцы, сердце, легкие и т.д. Для духа—мы не должны вносить в дом свой духовную грязь: порно, крепкие напитки, сплетни, грязные разговоры; для тела—нужно обязательно вытирать ноги у порога, если на улице дождь или грязь. Можно продолжать и продолжать этот список, и по мере духовного роста находить новые неожиданные аналогии.

Есть процедуры физической гигиены: умывание, чистка зубов, душ, физические упражнения, мышечные нагрузки, диета, здоровая пища в умеренном количестве, активный отдых . . . Мы уже не сомневаемся в важности исполнения этих вещей. Хорошо, если мы так же, стараясь содержать дух в чистоте, будем стремиться выполнять процедуры духовной гигиены: постоянно прославлять Бога, молиться, читать слово Божье, прощать, искренне каяться в своих грехах, стремиться быть благочестивыми и довольными, уходить от осуждения, неверия . . .

Я надеюсь, мы все прониклись важностью приобретения здорового образа жизни, особенно в ее еще изрядно запущенной духовной составляющей. В Библии *(3-е Иоанна 1:2)* написано, что мы можем здравствовать и преуспевать во всем так, как преуспевает душа наша. Под душой здесь имеется в виду наш дух и, соответственно, речь идет о духовном процветании.

Откроем же широко двери для духовного процветания, активно и настойчиво приобретая и укореняя чрезвычайно полезные духовные навыки и привычки в своей жизни.

Если вы сейчас переживаете трудные времена, то есть вопрос о содержании вашего духа в чистоте более чем актуален, то хочется сказать, что сейчас самое время научиться выходить из проблемы. Вот последовательность ваших действий, так сказать, технология выхода из проблемы: покаяться, простить всех (и себя обязательно тоже), молиться за врагов, начать благодарить и славить Бога за все, и конечно, изучать Библию. Если все это перечисленное не получается или не помогает, то ищите помощи у пасторов или духовно зрелых братьев и сестер из церкви, которым вы доверяете. И сразу же, как только с Божьей помощью, справитесь с проблемой, начните скрупулезно следить за гигиеной вашего духа, и поверьте, это прекрасное профилактическое средство от проблем всякого ранга.

Тут могут прозвучать голоса осуждения, что мы много уделяем внимания собственным персонам, в то время, как люди гибнут без Бога и идут в ад. Безусловно, много думать о себе—это плохо, все хорошо в меру.

Только не надо в порыве экстремального самоотречения впадать в крайности: некогда, мол, стричь ногти и ходить к зубному врачу—жалко время тратить на себя—некогда соблюдать чистоту в доме и вовремя менять белье. Не надо этого делать, а то, в конце концов, превратимся в духовных монстров, отпугивающих людей неряшливостью и дурным запахом изо рта во время свидетельства о нашем спасении и великих Божьих благословениях. Люди будут избегать нас, пугаясь странного вида. Прекрасный блеск рвения в глазах тоже будет восприниматься как нездоровый, а наше искреннее горение люди примут за одержимость и решат, что им нужно быть от этих «духовных психов» подальше . . . Пока не отменили народную мудрость «по одежке встречают», будем считать, что мы, будучи светом миру *(От Матфея 5:14)*, должны быть радушными, доброжелательными и внешне в меру привлекательными.

Получив свободу по Божьей милости через кровь Иисуса Христа, мы должны на деле стать свободными. И, как приобретение навыков умываться, чистить зубы, расчесывать волосы, пользоваться туалетом освободило нас для жизни в обществе себе подобных, так и приобретение духовных привычек поможет нам освободиться духовно, жить полноценно и счастливо здесь на земле и стать наследником царства Божьего.

И последнее, но очень важное: не становитесь рабами даже полезных духовных и физических привычек, не превращайте их в идолов, не поклоняйтесь им. Но это уже другая тема.

Кокалико, Пенсильвания, 05.05.05

Об отношениях

(эссе)

Однажды моя старшая сестра, сильно обиженная из-за того, что я редко звоню, в очередной раз, что называется, «наехала» на меня и сказала буквально следующее: «Да, наша семья очень недружная, да, мы все десять раз переругались и перессорились, мы обсуждаем и унижаем друг друга, мы не умеем любить, мы не умеем прощать, мы плохие, ужасные . . . но ты, ты— хуже всех. Ты—чужая!».

Слова хлестнули по сердцу, как внезапно выпрямившаяся мокрая ветка по лицу, стало невыносимо больно. «Это неправда, это несправедливо . . .» Слова не вышли наружу, что-то остановило меня, я сдержалась, отклонила разговор.

Разговор не выходил из головы. Как же это произошло, как случилось, что я стала чужой в своей семье?

Десять лет как я уверовала. В своей еврейской семье я получила должный отпор, когда это случилось. Мама сокрушенно сказала: «Значит, ты теперь не можешь быть моей дочкой, потому, что я еврейка, а ты—уже нет». Сестры недоуменно переглядывались и пожимали плечами. В нашей атеистической семье, где ценилось образование и положение, ко всему остальному относились скептически. В моем случае скепсис превратился в острый сарказм открытых насмешек. Никто ничего не понимал в вере, об уважении чужих убеждений у нас раньше тоже не слышали. Короче, не обременяя себя аргументами и знаниями, все откровенно глумились надо мной.

Они стеснялись, когда я говорила перед гостями или друзьями о Боге и о Мессии, грубо обрывали, заставляя замолчать, скандалили, если я не умолкала. Время шло, для меня христианство все больше и больше становилось моей жизнью и сущностью, а в семье мне становилось все теснее и неуютнее. Постепенно я научилась не говорить о Боге дома, чтобы не раздражать домашних. Но в их праздники мне не было весело, их проблемы меня не касались, их ссоры не трогали, причины их страданий для меня не имели смысла и не вызывали сочувствия. Я уходила к «своим» в церковь, и там мне было хорошо.

Я много читала, изучала Библию, успешно свидетельствовала многим, говорила о прощении, любви, терпении . . .Я всегда кому-то помогала, любя и понимая; кого-то поднимала, выслушивая часами, объясняя бесконечное число раз одно и то же...Свои были рядом, но я не могла достучаться до них. Я знала, что «нет пророка в своем отечестве», этим успокаивала и оправдывала себя. Лучше пойти туда, где меня ждут и слушают, где я нужна. Когда я приходила, все-таки, к родственникам, то, в основном, молчала, чтобы пересидеть без скандала. Никому не было ни холодно, ни жарко от моего присутствия. Это как раз тот случай, когда присутствие было, а участия—нет.

Отчуждение шло с обеих сторон. Мое молчание было, в принципе, демонстрацией духовного превосходства, они чувствовали это. «Что она из себя корчит, святая, мы тоже не убийцы и не воры, она жила с нами раньше такая же, все было нормально, ничем не лучше нас . . . » Я была их постоянным укором, им становилось со мной не интересно, потому что я не была с ними, даже, если присутствовала. Я думала, что раз у меня ничего не получается здесь, то Бог пошлет кого-нибудь свидетельствовать в мою семью. Пока я работаю с чужими, и у меня дома все будет хорошо. Но им-то нужна была я, живая сестра из плоти и крови, с обычными реакциями, они не хотели терять меня.

Я же стала просто избегать встреч, общих праздников, ссылаясь на занятость. Да я и действительно была очень занята, я была поглощена Богом, церковью и ее жизнью. Все дальше и дальше я отдалялась от моей семьи. Я отдавалась служению полностью, проявляя чудеса терпения с чужими людьми, уходя от своих. Медленно происходило отчуждение, я не видела в этом ничего плохого, и ничего не пыталась изменить.

Прошло время, я поняла—чтобы отношения развивались, надо чтобы они были. Отсутствие отношений—это вакуум, это не среда созидания, это среда предположений, домыслов, сомнений, сплетен и подозрений. Это среда, которая за версту дурно пахнет нерешенными проблемами и затаенными обидами. Здесь не происходит улучшения и приращения составляющих процесса за счет укрепления взаимных связей (К Ефесянам 4:16), потому что нет процесса как такового, нет отношений.

Бытует выражение «поддерживать отношения». Это совсем не то же, что строить отношения. Это похоже на создание видимости отношений. По аналогии «поддерживать жизнь»—это совсем не то же самое, что жить.

Однажды нас пригласили в больницу для опознания. Человека нашли на улице ночью без документов, без признаков жизни, поместили в реанимацию, подключили к аппаратам. Когда мы пришли, он ровно дышал, сердце его работало, лицо спокойно покоилось на подушке, казалось, что человек просто спит. Приборы рисовали на экранах свои привычные синусоиды. Не было ощущения смерти, казалось, вот сейчас откроет глаза и заговорит. Все это было очень похоже на жизнь. Но мозг его так и не включился в работу, поддерживать жизнь в этом теле не было смысла, врачи отключили систему, и он умер, хотя, фактически, мертв был уже несколько дней.

У нас многие отношения на уровне «поддерживаемых» отношений. То есть, поскольку мы сталкиваемся в общих коридорах жизни и «обречены быть вместе», мы должны здороваться, улыбаться, что-то говорить. Но отношения, если они «поддерживаются», а не строятся, обречены. Рано или поздно, систему искусственного жизнеобеспечения отключат, и наступит смерть.

Бог создал человечество для Себя (для дружбы, любви и взаимодействия с Ним), поэтому

Он учит нас всю жизнь отношениям, используя семью, служение, соседей, работу, церковь. В Его школу мы поступаем в день своего рождения и заканчиваем в день смерти.

Есть много разных видов отношений. За короткую жизнь надо научиться отличать любовь от дружбы, от контроля, от душевной привязанности, от влюбленности и от похоти. Это только любовь. А производственные отношения? А отцы и дети, ставшие символом вечного неразрешимого конфликта. Один маленький мальчик однажды в разговоре высказал такой вариант объяснения, почему собаки живут меньше людей: потому что люди сначала учатся (долгое время), как относиться друг к другу, а потом живут, а собакам не нужно учиться, они с этим (умением) рождаются.

Так что, мы долго учимся отношениям и, если нам попадается трудный предмет, и мы начинаем пропускать какие-то уроки, то этот материал у нас оказывается непройденным, образуется пробел в образовании, и мы остаемся на второй год. Если мы упорствуем в работе над ошибками, то ходим по кругу всю жизнь.

Человечество придумало много вариантов, как избегать отношений: можно обходить его или ее «десятой дорогой», можно отшучиваться, отмалчиваться, не открываться, не выражать эмоции, игнорировать открыто и замаскировано, вежливо и невежливо пресекать всякие попытки сблизиться, да мало ли еще как.

Но наша жизнь, в каком-то смысле, напоминает поединок боксеров. И в нем уходить от ударов—великое искусство, на этом иногда можно выиграть раунд, но чтобы выиграть поединок и не один, нужно овладеть искусством принимать удары, отвечать на них, и искренне пожать руку сопернику, прощая ему свое поражение. Что такое, в конце концов, поражение в одном поединке, если вся победа Господа принадлежит нам? Надо быть великодушными, какими становятся только настоящие победители.

Мне было очень трудно признать свое заблуждение, но я приняла обвинение сестры и призналась, что была не права. Я очень искренне люблю своих и хочу, чтобы ситуация исправилась. Это не просто, но всемогущий Бог уже начал Свою восстановительную работу в жизни моей семьи.

Нью-Йорк, 2003 г.

Обида

(эссе)

С самого утра я включила компьютер, решила серьезно поработать и «подогнать» все свои срочные дела. Мама заглядывает в приоткрытую дверь и приглашает меня на завтрак. «Нет, спасибо, я не хочу». Через 10 мин—опять: «Кушать хочешь?» «Нет». В конце концов, на очередной вопрос «хочу ли я кушать», я сказала, что мне нужно сосредоточиться, что меня пока не нужно отвлекать, сказала вежливо, но решительно, и закрыла дверь. Мама вышла, пробормотала что-то о неблагодарности, в общем, обиделась.

Когда она обиделась, у меня совсем разъехались мысли, чувства перемешались: «Почему, когда очень нужно сосредоточиться, надо обязательно мешать, почему такая бесчувственная «собственная» родная мама, которая, по идее, должна понимать меня лучше всех»?

Мама сидела обиженная в гостиной, а я, взъерошенная и расстроенная в своей спальне, пытаясь привести себя в порядок и продолжить работу. Ничего не получалось, в доме нас было уже не двое, поселился третий—обида. Существо, которое мы не приглашали, само пришло и поселилось. Теперь, по какому-то непонятному праву, именно оно хозяйничало, а мы сидели по углам. Хитрое, коварное и нахальное, расхаживало, где хотело и делало, что хотело. Подходило к маме и говорило: «Вот ведь, дети, какие неблагодарные! Ты готовишь, беспокоишься, чтобы она поела, и что? Вот так, на старости лет, никуда сама не пойдешь, никому, фактически, не нужна, сидишь одна . . .». Потом этот непрошеный гость подходил ко мне и шептал: «Покоя нет в собственном доме, сосредоточиться негде, опять ты опоздаешь со своими материалами, опять у тебя будет плохое настроение, никому нет дела до тебя, даже мама думает только о своем. Как будто самое главное в жизни—это поесть вовремя . . . такой эгоизм, собственная мать не может понять . . .» Мерзкое животное переходило от меня к маме и обратно и довольно потирало руки: «Вот как я с вами, одной только саможалостью, можно сказать, голыми руками . . . Вот вы у меня где!»—и победоносно сотрясало своими мохнатыми кулачками.

Обида подстерегает нас везде. Много не надо: грубое слово, жест, вас нечаянно толкнули, недооценили, вовремя не поблагодарили, не позвонили, не поздравили, что еще . . . Обида—это значит, день пропал; это значит, дух угас; это значит, «хлопнув дверью, ушла, не попрощавшись, муза»; да просто, все валится из рук. Обида—это оружие, направленное против нашего движения вперед, нашего совершенствования, если хотите, нашего полета, и, в конце концов, против нашего успеха.

Как микробы в воздухе, носятся причины обид. Мириады невидимых микробов . . . Можно начать их уничтожать. Борьба с вирусами и микробами, известная своей бессмысленностью работа: один научились уничтожать, другой, еще более изощренный, вырос. Уничтожение или селекция? Можно попробовать поискать стерильное место. Помните, как наши мамы переводили нас из класса в класс. Там учитель плохой: обижает, не вызывает, когда надо, занижает оценки; там ученики обижают, поколачивают; там—еще что-то. В другой класс, в другую школу, в другой город, в конце концов, в другую страну. А жизнь везде одинаковая, нас везде обижали, обижают и будут обижать. Что ж делать?

Остается одно—не обижаться. Легко сказать! Нелегко, может быть даже невозможно, если своими силами браться за эту проблему, а с Богом—возможно. Библия говорит, что обида—это сеть, вы в ней запутаетесь и остановитесь, связанные по рукам и ногам. Воспитывайте в себе иммунитет против обид. В себе, но не сами.

Вам хочется пожаловаться, пожалуйтесь Богу, это подчас куда лучше, чем жаловаться человеку и всегда лучше, чем держать обиду в сердце. Бог не предаст, не выдаст. Он заберет обиду, огорчение и беспокойство, а взамен даст утешение и спокойствие. Разве это не самое главное? Ищите Бога, пока Он рядом, Он избавит вас от обиды, не будет толкать в пучину реванша.

Еще одно. Надо научиться отделять человека от греха. Тогда вам легче будет любить человека, который вас обидел, легче будет его простить и забыть обиду. Грех, вот причина всех обид, его надо ненавидеть. Поэтому не презирайте обидчика, не возноситесь над ним, «благословляйте обижающих вас».

Если сравнить обиду с любовью, о которой повествует Библия в 1-ом послании Коринфянам, глава 13, в известной главе о любви, то получится такая вот картина. Любовь долго терпит—обида нетерпима; любовь милосердствует—обида ищет, как бы отомстить; любовь не завидует, обида злорадствует; любовь не превозносится, обида—уязвленное самолюбие, всегда старается восстановить правоту; любовь все покрывает—обида наоборот, подсовывает то, что другие не замечают; любовь всему верит—обида мнительна и недоверчива; любовь всегда надеется—обида это безнадежность, у обиды нет завтра, перспектива закрыта; любовь все переносит, обида—это постоянный внутренний бунт; любовь не бесчинствует, обида не безопасна, ей ничего не стоит навредить кому-то, она не боится убивать и разрушать, обида—бесчинна; любовь не ищет своего, обида думает только о себе; любовь не раздражается, обида—это само раздражение; любовь не мыслит зла, обида вынашивает коварные планы; любовь не радуется неправде, обида радуется чему угодно, только чтобы ей удалось сказать последнее слово.

Обида не радуется истине, что лежит в прощении, она подливает масло в огонь и старается замкнуть круг вашего падения: обиженная плоть сражается, она насильственно занимает место Бога в жизни, она громко открывает рот и каркает, как ворона, «я-я-я», она смещает все приоритеты, она хулиганит в вашем храме, переворачивая все вверх тормашками. От нее все, что вы так долго и тщательно отмывали, закрашивали, завешивали и красиво расставляли, забрызгано грязью и перемешано в ужасающем беспорядке.

Но этого мало. Уже «некто», кто так любит, когда мы обижены, воспользовавшись случаем, проник через открытую обидой дверь. Он поворачивается к вам и кричит, не церемонясь, «на ты», прямо в лицо: «Опять! Ты же видишь, вот опять! Все, как было в прошлый раз, все возвращается, ничего не изменилось, ты ничему не научилась, Бог устал от тебя, Он оставил тебя. Бог не будет тратить на тебя время понапрасну, есть другие, чище, лучше, перспективнее, в них не столько раздражения и злости, как в тебе!»

Замолчи, враг. Обида—это ловушка для гордых и упрямых. Не попадайтесь! Да поможет вам Бог, наша крепость, защита, наша мудрость и наша реальность!

Нью-Йорк, 2002 г.

Непрерывная линия духовности

(эссе)

В детстве, сразу после войны, наша семья, четверо детей и родители, жила в маленькой квартирке без, так называемых, «удобств». Для тех, кто не знает, что это, объясняю: в квартире была только холодная вода на кухне, ни туалета (он был во дворе), ни ванной. Вместо ванной была общественная баня. Благо это было в нескольких кварталах от дома. В баню ходили всей семьей один раз в неделю. Это было серьезное, почти ритуальное, воскресное мероприятие. Каждому собирали и складывали чистое белье, упаковывали в большую сумку, иногда даже в чемодан. Мужчинам отдельно, женщинам отдельно. Мылись не менее часа в общем отделении бани, каждый в своей половине, мужской и женской.

Раскрасневшиеся, пропаренные, промытые до последней клеточки, выходили в раздевалку. Одевались во все чистое. В этот же день менялось постельное белье. Высушенные на улице, накрахмаленные до хруста, выглаженные простыни имели особый запах свежести и уюта. Приятно было ложиться, чувствуя себя абсолютно достойными их чистоты. Приятно было засыпать, не сминая простыней, улетая во сны на белых жестких коврах-самолетах.

В доме были большие недостатки: у каждого была лишь одна смена постельного и нательного белья; на всех было два маленьких «вафельных» полотенца, о банных больших полотенцах мы тогда не знали; ароматное туалетное мыло использовали только для лица и волос, для тела—хозяйственное, как для стирки. Баня на всю семью стоила денег. Короче, мы могли позволить себе это мероприятие, как праздник, только раз в неделю.

Прошло время. Мы выросли, в наших квартирах появились ванные комнаты. Мы можем пользоваться душем и прекрасными шампунями каждый день. И мы к этому привыкли.

Отложив в сторону романтику дорогих мне детских воспоминаний, я размышляю над тем, как мы, и дети, и взрослые, могли, практически, всю неделю не мыться и не переодеваться. Могли. Лишь раз в неделю наслаждались чистотой.

Попробуй сейчас вернуть нас в старые условия. Мы будем страдать, ведь мы привыкли к ежедневному душу. Это превратилось в привычку, стало потребностью.

В духовной жизни мы должны также вырабатывать привычку к постоянной чистоте.

Наш Господь обеспечил нас всем необходимым для этого. Духовная баня в воскресный день на всю неделю—этого не достаточно. Мы не можем взять отпуск от моральной и духовной чистоты и оставаться моральными и духовными. Так же, как нельзя остановить легкие или сердце для отдыха, и при этом остаться живым. Павел предупреждает: *«Посему, кто думает, что он стоит, берегись, чтобы не упасть» (1-е Коринфянам 10:12).* Если что-то внутри нас говорит: «Не так, не так . . . »—маленький червячок сомнения, дискомфорт в душе . . . Это предупреждение об опасности. Все вокруг хорошо, можно сказать, грандиозно, служение идет, помазание есть, люди спасаются. По-крупному, все великолепно: с Богом отношения хорошие, церковь выросла, враг отвешивает комплименты . . .

Аса, один из царей Израиля, был совершенен в главном: « . . .сердце было предано Господу во все дни его . . .», но «высоты не были уничтожены» (3—я Царств 15:14), то есть люди где-то на высотах поклонялись идолам. Царь, наверное, считал, что для Бога это не важно. Но это не так, для небесного Отца все важно.

Сын хорошо учится, но грубит. Причем, не всем грубит, а только одной вредной учительнице. Ну и что? Она сама нарывается, сыну это кажется вполне естественным. Он просто восстанавливает попранную справедливость. Но внимательный отец знает, что за этим стоит.

А небесный Отец тем более, ведь Он видит каждое сердце. Не оставляйте без внимания мелочи и не позволяйте в них расслабляться. Не делайте перерывов в духовности. Лучше, чтобы линия нашей духовности не прерывалась нигде. Потому что Бог хочет, чтобы вы были Его всегда, везде и без остатка.

Но уж, если вы от духовной жизни так устаете, что вам постоянно нужны каникулы, то, может быть, вы просто встали на цыпочки, стремясь выглядеть выше? Покайтесь в этом как можно быстрее, потому что стоящий на цыпочках, долго не простоит.

Нью-Йорк, 1999 г.

Узкий путь

(эссе)

Господь, мой Бог, приблизь меня к Себе,
Чтоб Твой огонь зажег, не опаляя;
Ты знаешь меру близости такой,
Лишь только Ты ее, родной, и знаешь.
(От автора)

Мы часто используем взятый из Библии термин—*«узкий путь».* Написано: *«Входите тесными вратами; потому что широки врата и пространен путь, ведущие в погибель, и многие идут ими; потому что тесны врата и узок путь, ведущий в жизнь, и немногие находят их»* (От Матфея 7:13-14).

Тесные врата, узкий путь. Конечно же, я рассуждала, дорога к Богу не может быть широкой, она же не для всех, она для избранных, для тех, кто познал Бога, поверил, возлюбил Его уставы. Их не может быть много, поэтому и дорога не должна быть широкой, она узкая. Может быть даже, это тропка, которую трудно найти среди многих других. Это так, но недавно мне открылся смысл этого места еще глубже.

Узкий путь—это дорога по истине Божьей, которая, как и милость, дается нам каждый день:

каждый день новая, потому что каждый день открывается новая потребность.

Мы бросаемся в крайности—наша плоть не знает меры, недаром говорят: «заставь дурака молиться, он и пол расшибет». Неразумная плоть всегда проскакивает ту золотую середину, где истина находит свой узкий путь. Она раскачивается на всю амплитуду, от одной крайности в другую: мы были обидчивыми—стали безразличными; мы были «душевными»—стали бессердечными; были активными бунтарями—стали пассивными соглашателями; были расчетливыми эгоистами—стали бездумными альтруистами; жили только для себя—сейчас живем для всех, а значит ни для кого . . .

Узкая дорога, по которой надо идти каждый день—это, когда надо выбирать между принятием конкретного человека и непринятием его греха, между отцовством и бездушным покровительством; между послушанием и послушничеством; между использованием Писания по духу и начетничеством; между христианским назиданием в любви и «чтением морали»; между любовью и сентиментальностью; между проповедованием и чтением лекции; между чьей-то настойчивой «правдой» и истиной; между срочным и главным; между доброжелательной общительностью и навязчивостью; между желаемым и действительным; между слабостью и хитростью; между мужеством и черствостью, между невежеством и наивностью, между преувеличением и ложью, дерзновением и дерзостью, между верой и авантюризмом . . .

Разве не по узкому пути Божьей мудрости надо пройти, чтобы не принимать к сердцу обидные слова, *«не слова ли это» (1-я Царств 17:29)*, а с другой стороны, не очерстветь бы . . . «Мне все равно, что говорят обо мне люди, главное, что обо мне думает Бог»,—мы слышим часто эту фразу от «высоко духовных» личностей. Или написано: *«носите бремена друг друга» (К Галатам 6:2)*, но не написано, до какой степени. Библия учит также, чтобы мы не позволяли «садиться себе на голову», даже детям. Тем не менее, именно Библия дает примеры жертвенной и бескорыстной любви, предлагая просто дарить себя. Где баланс, золотая середина, тропа мудрости и любви, где этот узкий, единственно правильный путь?

Как близко нужно быть к Богу, чтобы увидеть, где Божье всевластие, а где обязанность человеческая? И каждый раз сделать правильный выбор!

Как близко? Казалось—чем ближе, тем лучше. Но Его огонь, умудряя и согревая, может и опалить . . . Кто может определить меру близости с Богом, чтобы этого не произошло? Кроме Бога—никто.

Нью-Йорк, 2002 г.

Письма

(эссе)

Вот Иисус у колодца. *«Приходит женщина из Самарии почерпнуть воды. Иисус говорит ей:"Дай мне пить" (От Иоанна 4:7).* Есть много фраз, с которых можно начать разговор. Иисус начал с этой. Почему? Бог показывал падшей и отвергнутой женщине, что она может что-то дать Ему.

Восемь лет назад я пришла к Богу. Считала себя зрелой христианкой, живущей в мире со своим настоящим и прошлым.

При очередном переезде наткнулась на тяжелый пакет аккуратно сложенных, отсортированных по датам, пожелтевших писем. Письма моего бывшего мужа. Я стала думать: почему я вожу их за собой, почему они для меня сохраняют ценность? Память? Что это такое? Я спрашивала у Бога.

Не было никакого смысла хранить эти письма. И я решила их уничтожить. Брала письмо, читала его в последний раз и рвала, брала следующее и . . . рвала.

Жизнь моя проходила перед глазами. Даты, факты, забытые подробности. В наших отношениях с мужем был период, когда, из-за определенных обстоятельств, мы не жили вместе, а только переписывались. Сначала все было хорошо, но потом письма становились суше, приходили все реже. Читать их было больно, писал как бы посторонний человек, который проявлял все внешние признаки любви и заботы, но любви не было. Чужому глазу это было бы и не видно, но я чувствовала, что-то произошло. Все письма его были заполнены подробными описаниями, что он делает дома, на работе, как он устает. Потом обязательный длинный перечень того, что он купил мне и детям, как выбирал, как это выглядит, когда он пошлет или передаст с оказией, что делать, если не подойдет . . . и т.д. и т.д. Я читала и, пропуская строчки, искала, то, что мне нужно было—что он меня ждет, любит и тоскует. Но этого не было, письмо кончалось, руки бессильно опускались на колени. Разочарование и боль входили в сердце . . . сердце не обманешь. Я терзалась и посылала в ответ вопросы и упреки вместо ожидаемой благодарности, но это только раздражало и ухудшало наши отношения.

Как выяснилось потом: в жизнь моего мужа в это время входила другая женщина, постепенно вытесняя меня из сердца. Все было очень просто . . . появилась другая.

Я перестала читать письма. Сколько лет прошло, все равно больно . . . Мне нужно было отдохнуть от прошлого и отрешиться от этой печали. Очень захотелось поговорить с Богом.

Как часто наши отношения с Ним угасают из–за того, что мы переставляем приоритеты любви, по инерции сохраняя внешние признаки. Мы ходим в церковь, молимся, читаем Библию, говорим о Нем, но любви нет. Непосвященному не видно, но Бог то чувствует, потому что Он любит. Разве Его устроят наши красивые праздники, яркие шары внешних восторгов? Он ждет любви, она нужна Ему, Он создал нас, чтобы мы ответили на Его любовь. Каждый из нас.

Кто сейчас у вас на первом месте? Должен быть Он. Господь упрекает нас, когда мы теряем первую любовь, значит Он строго следит за этим. Наша любовь угасает—Ему больно, Он любит до ревности. Не причиняйте Богу боль, пусть никто не прокрадывается в ваше сердце на Его место.

Зачем мы пришли на землю? Зачем каждый из нас родился? Чтобы найти Бога, чтобы стать частью Его Божеского естества. Чтобы, научившись любить от Него, возвратить любовь Ему. Могущественному, Суверенному и Вседостаточному Богу это почему-то надо.

В твоей любви нуждается сам Бог! Великое открытие, великая загадка

Нью-Йорк, 2000 г.

Когда слава покидает нас, или слово к иммигранту

(эссе)

« В Союзе это был совершенно другой человек». Вы никогда не слышали такого сетования в народе? «Изменился человек до неузнаваемости, что делает Америка . . .» По-моему, очень часто звучат подобные реплики в наших разговорах. При этом, никто из сетующих, наверное, даже не задумывается, что и о нем кто-то говорит то же самое. Но не человек изменился, обстоятельства изменились и очень изменились в иммиграции, а человек, как в песне «каким ты был, таким ты и остался». И каков он—знает лишь Бог. Иммиграция обнажила человека; открыла его или попросту разоблачила.

Человека вырвали из своей среды, как дерево из земли, изрядно повредив корни, и пересадили в новую среду. Это называется иммиграция. Иммиграцию еще иногда называют имитацией жизни, то есть подделкой. Мне приходит сравнение иммиграции с жизнью, которая начинается с совлечения (снятия) славы с человека и короны с головы его, как у Иова: *«Совлек с меня славу мою, и спал венец с головы моей»* (Иов 19:9).

«Там» ты был кем-то, было на тебе что-то, какие-то одежды. Начальник, глава или член совета, эксперт, или, на худой конец, полулегальный бизнесмен—были какие-то короны или, хотя бы, «коронки». Была на тебя «наброшена» мантия в виде образования, должности, социальной стабильности. У тебя «там» постоянно «заводились» новые знакомые и оставались старые друзья детства, которые, при необходимости, заменяли длинные законные пути короткими обходами напрямик, «огородами». Ты знал, где находится обком, что можно «выбить» из профсоюза, знал законы и лазейки. Все это, как лучи, расходилось вокруг нас, мы были в это надежно одеты. Затем лучи эти обрезали до самого основания, даже маленького «ежика» не осталось, и мы оказались «голыми» перед абсолютно новой, нелицеприятной для иммигранта безликой бюрократической машиной. Наши ценности для нее—не ценности, они вне спектра ее зрения. Представители этой системы не видят знаменитого профессора, они видят человека пожилого или даже старого, довольно нерасторопного, который не знает даже, в какую очередь встать и не может связать на «простом английском языке» двух слов. Он одет не так; пахнет не так; у него странные потребности; другие вкусы и взгляды на жизнь, на работу, на честность и справедливость. И вообще, как с луны свалился этот странный старик из страны «третьего мира»(для меня это звучит как «из страны третьего сорта») в их прекрасную страну.

Итак, продолжим мысль о «раздевании» в смысле совлечения славы . . . Оно продолжается и на второй, и на третий день иммиграции. Ты возил жену в колледж, чтобы она училась. Выучилась, теперь она много зарабатывает, но ты ей уже не нужен, и она ушла к другому. А вот и сын вырос, надежда и опора, пошел в школу:

—Папа, не приходи ко мне в школу, ты плохо говоришь по-английски, надо мной дети смеются.

—Ах ты . . .

—Папа, не поднимай на меня руку, а то я позвоню 911.

В бессилии опускается рука твоя. Чем не по Иову: жена пренебрегает, малые дети брезгуют, близкие покинули, знакомые забыли, домашние чураются, издеваются (*Иов 19:13-19*).

Ты в страхе, ты раздражен и унижен, никому не нужен, потому что все вокруг заняты своим собственным выживанием; ты не можешь воспользоваться былыми связями, твои друзья «здесь» разбежались, родственники норовят только использовать, тебя предала жена, нет денег, дети требуют помощи, кредиторы ищут твоей души. Заметая следы, с неприкрытыми тылами, ты гол перед обстоятельствами, ты гол в своей человеческой сущности перед собой, ты устал, потерял надежду и терпение. В лучших советских традициях, не зная, как ответить на вопрос «что делать?», ты начинаешь искать, «кто виноват».

Самое время подойти к зеркалу, посмотреть на себя и сказать вслух: «Господи! Помоги! Я пришел к «концу себя» и не могу больше этого вытерпеть, я не могу больше так жить. Боже, прости меня за мои горделивые попытки самому выстоять в этой жизни. Я сдаюсь, помоги мне, стань моим Спасителем в этой жизни и в жизни будущей. Стань Хозяином и Господином моей жизни!» Сейчас это твой единственный выход. Если этого не произойдет, то жизнь остановится. Ты постепенно пристроишься к какому-нибудь корыту или кормушке и, сытый, будешь нудным потребителем своей былой ветшающей славы до самой смерти.

Если же произойдет то, что мы называем покаянием, и ты предоставишь возможность Богу работать в твоей жизни, тогда все начнет меняться. От тебя понадобится искренность и терпение, чтобы быть Богу соработником. Но «игра стоит свеч».

Хочу сказать несколько слов об отношениях к проблемам. Наше отношение к проблемам очень отличается от Божьего. Мы устаем от них и стараемся от них избавиться, скинуть, как мокрую одежду. Но часто мы очень торопимся переодеться в сухое. На утро обнаруживается, что одежда хоть и сухая, но с чужого плеча, то есть она совсем нас не устраивает. Начинается новая проблема. Мы разводимся, выходим замуж опять и нам кажется, что новые отношения будут качественно другими, но это иллюзия. Истина состоит в том, что проблему нельзя скинуть, от нее нельзя уйти, ее надо решать. Это сложно, но это Божий путь. У проблем наше лицо, наши черты, а от себя не уйдешь. К чему же эти пустые гонки, это хождение по кругу? Эти долгие пустыни в нашей короткой жизни, к чему они? Итак, проблему надо решать. И если мы решаем ее Божьими методами и с Божьей силой, тогда она из проблемы превращается в возможность, в новый шанс. И оживет снова надежда, которая умирает последней, потому что «*Искупитель—жив*» *(Иов 19:25-26)*.

Нью-Йорк, 2002 г.

«Время разбрасывать камни, и время собирать камни»

(эссе)

«Всему свое время, и время всякой вещи под небом. . . .время разбрасывать камни, и время собирать камни . . .» (Экклесиаст 3:1;8). Кто из нас не знает этого места Писания, и кто из нас не знает, что есть разные времена в нашей жизни. Бытует даже такое выражение—«жизнь полосата, как зебра»—имеется в виду, что в течение жизни мы проходим и светлые, и темные периоды. Но только ли для того, чтобы подтвердить нашу концепцию «полосатости», Бог говорит нам эти слова о временах. Я раньше воспринимала это место именно так: Бог советует иметь терпение во времена плохие, и говорит о надежде на времена хорошие. Безусловно, Бог говорит об этом, но только ли об этом?

Иногда, когда кончается время «собирания», мы начинаем искать его, сожалеть и расстраиваться, не используя с помазанием и благодарностью время «разбрасывания», не видя смысла и целей этого времени. Это совсем не значит, что какое-то счастливое и очень благоприятное время ушло, нет, оно просто сменилось на другое. Господь что-то забирает, чтоб что-то дать.

Было время, я расстраивалась, если Бог не давал мне какое-то время стихи, даже пугалась, а вдруг больше ничего не будет, и я не напишу ни строчки. Но потом я поняла, что это время накапливать впечатления до полноты и углублять чувства до глубины, нужной для поэзии. И как раз в эти, как мне казалось, «бесплодные» периоды, я однажды почувствовала свободу писать в прозе и научилась получать радость от этого. Бог, таким образом, существенно расширил жанровый диапазон моего творчества. Иногда наши сравнения времен так же неправомерны, как, например, сравнение поэзии и прозы. Как можно сравнивать, что лучше? Инспирированная Богом, прекрасна и та, и другая.

Транзитные периоды могут проходить болезненно, потому что мы инерционны и сопротивляемся всяким изменениям. Но когда наша воля опять совпадет с Божьей, то уйдет всякое напряжение. И мы сможем понять, что это другое время не для того, чтобы «перекантоваться» до лучших времен, это не время вокзальных ожиданий, не время сожалений, это время новых возможностей. Главное, что это тоже Божье время для нас, оно другое, но оно в Божьем расписании.

Надо переключиться, быть ближе к Богу, чтобы узнать Божью волю для этого времени, сосредоточиться на Его голосе, а не на своей сравнительной оценке времен. Мы склонны к сравнениям, сравнения—это единственный метод человеческой оценки. Мы и себя все время сравниваем. Это не плохо, но какие эталоны? Мы же делаем это, в основном, по ощущениям и видимым результатам. А когда ни то, ни другое нас не устраивает, мы и думаем, что это плохое время. Но это, как я уже сказала, тоже Божье время, как и предыдущее, когда вы так успешно *«собирали камни»*, оно тоже важное и нужное для нашего становления в Боге. Используй его с верой, с благодарным сердцем, с торжеством Божьей победы. С Богом не бывает плохих времен.

То ли это время рождаться, то ли время умирать; то ли это время насаждать, то ли время вырывать посаженное; то ли это время убивать, то ли это время врачевать; то ли это время разрушать, то ли это время строить; то ли это время плакать, то ли это время смеяться; то ли это время сетовать, то ли это время обнимать, то ли это время уклоняться от объятий; то ли это время искать, то ли это время терять; то ли это время беречь, то ли это время бросать; то ли это время раздирать, то ли это время сшивать; то ли это время молчать, то ли это время говорить; то ли это время любить, то ли это время ненавидеть; то ли это время войне, то ли это время миру . . . дорожите любым Божьим временем здесь на земле, оно коротко и бесценно в своей неповторимости.

Это время дано нам, чтобы мы в полной мере насладились им, «насытились днями жизни» до того самого момента, когда подаренное каждому из нас земное время остановится, и его заменит вечность, которая и станет нашим уделом навсегда.

Нью-Йорк, 2004 г.

« . . .до сего места помог нам Господь» (1-я Царств 7:12).

Послесловие

Как я пришла в благословенный мир поэзии о Боге? Это не случилось сразу, я двигалась медленно, сопротивляясь и оглядываясь. Я спотыкалась и падала, я вставала и шла в обратном направлении, Бог брал меня за руку и вел дальше, потому что Он—верный, и начатое дело доводит до конца. Я свое дело еще не окончила, лучшее еще не написано, но вспомнить, как это все начиналось, уже хочется. Хочу поделиться с вами своим свидетельством, вернее небольшой частью его в рамках этой книги с расчетом на «продолжение следует».

Мне было 52, когда я пришла к Богу. За плечами тяжелел жизненный опыт. Все чаще и острее вставали вопросы: «что дальше» и «для чего все»? Где было искать ответ?

Мы только что пережили эпопею очередного квартирного обмена, поменяв две наши квартиры на окраине города на одну большую квартиру в центре Киева на улице Красноармейской. Все было бы неплохо, но я теперь должны была ездить на работу более часа на трех трамваях. Даже для Киева это было много. Изрядно устав к этому времени от ненормированного выматывающего программирования с ночными сменами, я сочла это обстоятельство вполне достойным поводом, чтобы уйти с неблагодарной и низкооплачиваемой работы.

Я устроилась контролером—администратором в кинотеатр в пяти минутах ходьбы от дома и, что называется, была страшно довольна, мои мозги получили разрядку. Но перестроечный период уже начал менять привычный уклад жизни, все рушилось, начались сокращения. Как только на работе узнали, что я собираюсь эмигрировать в Израиль, меня тут же уволили: «ты все равно уезжаешь, а тут своим нехватает».

Это было весной 1992 года. Мой бывший сотрудник порекомендовал меня в какую-то непонятную мне организацию под названием «Миссия» переводчиком. Я пришла. Не переставая удивляться, ходила по помещению, которое занимала «Миссия». Это был подвал в довольно, я бы сейчас сказала, неформальном состоянии. Одна комната там была оборудована под кабинет, остальные выглядели как попало и больше походили на склады. Там были разложены в самом хаотическом порядке, в основном, на полу, коробки с одеждой, консервами, пакетами сухого молока, детское питание в разных упаковках, медикаменты и предметы самого непонятного предназначения. Стоял незнакомый специфический запах, я еще тогда не знала, что это был запах «гуманитарки», я и слова этого тогда не знала. Таких организаций в городе раньше не было, это были уже перестроечные «плоды».

Меня взял в эту странную организацию на какие-то странные обязанности очень странный начальник, которого сотрудники звали или просто

Сережей, или пастором. В мой постоянный арсенал вошли необычные для бывшего программиста слова: молитва, библия, мессия, покаяние, проповедь, евангелизация, гуманитарная помощь. Меня стали окружать люди, которые на работе так или иначе, но все время говорили о Боге, одна девушка после каждого слова говорила бодро «Аллилуйа», по моему, для связки, меня это раздражало. Да они все, работающие в миссии и приходящие сюда по делам, казались мне примитивными, несерьезными были их разговоры, даже иногда смешными и наивными. Особенно меня раздражала привычка «прикрываться» Библией, чуть что объяснить не может, сразу: «А вот в Библии написано . . .»,—и читает самозабвенно и долго совершенно непонятно что, а человеческим языком сказать не может. Мне казалось, они все старались демонстрировать свою эрудицию перед такими как я.

А их, похоже, не очень волновал мой атеистический склад ума, впрочем, я иногда просто подыгрывала им по советской привычке приспосабливаться. На открытый бунт у меня никогда не хватало храбрости. Я и раньше «среди своих» не все принимала в нашем «прекрасном коммунистическом завтра», но и не отвергала, приспосабливалась.

Моим религиозным образованием, казалось, здесь никто специально не собирался заниматься. «Миссия» жила своей жизнью. Работы для переводчика пока не было. Как выяснилось, немецкий, который я знала, здесь, практически, не использовался, а английский я изрядно подзабыла. Пользуясь свободным временем, я восстанавливала английский, набирая новый непривычный словарный запас.

Мне иногда казалось, что я просто вошла в церковь (как я ее тогда понимала) с хозяйственного двора. Я выросла в атеистической семье, проработала всю жизнь в атеистической среде, я чувствовала себя здесь «не в своей тарелке». Но это была работа, в которой я нуждалась, нужно было на что-то существовать. Внешне я держалась, но была вся в напряжении внутренней борьбы. Что-то там глубоко сопротивлялось отдельно, что-то связанное с моей национальностью, с представлением о церкви, как о месте для не евреев, с ее антисемитизмом, крестоносцы, погромы, «христианин» Гитлер, Бабий Яр, все это густо перемешалось в то время в моем сознании. В мире столько боли, столько несправедливости! Какой Бог, где Он, кто Его видел? Я к тому времени не знала другой церкви, кроме православной, да и что я о ней знала! Все, что происходило со мной было в каком-то неопределенном неоформленном виде, стало моим занудливо-мучительным постоянным состоянием в те дни. Я останавливалась от обычных своих забот и думала: «Почему я здесь, это же не просто работа, это идеология (так я относилась к религии). Ночью я просыпалась: «Не занесло ли меня в поисках работы в стан врага? Не продала ли я за зарплату свое еврейство? Я смутно представляла, что такое еврейство, и раньше о нем никогда не задумывалась, мысли об еврействе даже никогда не приходили мне в голову. А может я сделала еще что-то похуже? Смутные обрывки библейских знаний о предательстве Иуды, может быть, навеяли мне мысль, что я «продала» своего «еврейского Бога», если Он есть на самом деле. В последнем я продолжала очень сомневаться. И, в конце концов, если я должна быть где-то, то, наверно, в синагоге? Но меня и туда абсолютно не тянуло, почему это я, вообще, должна оставлять свои спокойные насиженные атеистические позиции в зрелом возрасте и что-то лицемерно менять? Кто может меня заставить, да и не поздно ли?»

Короче, я была зажата странными тисками: с одной стороны неверие, с другой стороны страх, что я какую-то веру, какого-то бога предаю. Казалось бы, взаимоисключающие вещи как-то удивительно восстали во мне, противоборствуя и создавали сильное давление в моей душе. Когда я совсем запуталась в своих мыслях и терзаниях, в «Миссии» «случайно» появился еврей-христианин. Его звали Игорь, он пришел по делам, долго пробыл в офисе, и мы с ним говорили. Потом ходили с ним по Киеву и говорили, говорили . . . часа два точно говорили без остановки. Он стал моим первым учителем. Молодой, современный, образованный, нерелигиозный, здравомыслящий, а, главное, тоже еврей, он, к счастью не был похож на полуграмотных «аллилуйщиков» с моей работы. Он не снял все мои вопросы, но в моей душе забрезжил свет. Не так уж много пробилось в мое загрубелое сердце, но начало было положено. По крайней мере, теперь я знала, что я не одна такая, есть еще.

О! Я была трудным орешком. На каком—то этапе моего хождения с Богом я думала, что Бог выбрал меня из моей семьи, потому что я была ближе всех к Нему, в духовном смысле, более подготовлена ко встрече. Но уже скоро я поняла, что наоборот, Бог выбрал меня, потому что я—гордая, упрямая, скептичная, даже циничная, тщеславная. Я знаю точно, если бы кто-то другой в моей семье уверовал первым, я бы поддалась на его евангелизацию последней, прошло бы еще много лет, пока бы это случилось. Зная, что мои предположения могут и не совпадать с Божьими, потому что Его мысли и наши мысли очень сильно отличаются, я, тем не менее, благодарна Богу, что Он начал с меня, потому что еще осталось время что-то сделать для Него.

В это время в «Миссию» пришли два иностранца —пасторы, представители интернациональной христианской организации «Христос—Ответ». В их команде были филиппинцы, финны, испанцы, португальцы, бельгийцы, американцы, французы, немцы и другие, всего 33 человека из разных стран мира. Для меня началась настоящая работа, которая потребовала большой мобилизации сил, и я совсем забыла о себе. Пасторы из «Христос-Ответ» приходили с переводчиком Эдуардом, который произвел на меня большое впечатление беглостью языка, а также свободной и уверенной манерой обращения с иностранцами. Для меня же это были люди с другой планеты с признаками явно неземной цивилизации. И, хотя они были неприхотливы и вели себя просто, я очень робела перед ними. Кроме того, мой «свежий» немецкий активно мешал «пробиться» изрядно забытому английскому языку. На немецком не говорил ни бельгиец, ни француз, на английском слова подбирались медленно и мучительно. Мне казалось, я испытываю терпение участников переговоров и бесед, поэтому старалась отмалчиваться, когда можно было, конечно. Нагрузка всех переводов ложилась, в основном, на Эдуарда. Но в один день неожиданно Эдуард куда-то исчез, и все сразу свалилось на меня.

Как я уже сказала, я выросла в атеистической семье, мои родители были лояльными гражданами, им хватало проблем чисто семейных и житейских. Время было послевоенное, семья большая, жили очень бедно, мы, дети, ходили всегда голодные, нам было не до религии. Убеждений каких-то, чисто еврейских, в нас не воспитали, стремления сохранить какие-то традиции или ритуалы или еще что-то не возникло. У нас в семье дети не «допускались» к идишу, говорили только по-русски, хотя родители между собой общались на этом языке. Родители не хотели лишних проблем для своих детей, у них, как у многих евреев моего окружения, было неприкрытое желание быть, как все, не выделяться ни одеждой, ни языком, ни праздниками, ни интонациями. Не дай Бог кто-то говорил с еврейскими интонациями, все смеялись. Моя мама сохранила и поддерживала привычку «окать», так говорили в России, где мы жили во время эвакуации, она гордилась, что внешне похожа на русскую. Нам не казалось неправильным, что закрывались синагоги, что в одной из них был кукольный театр, что на праздник негде было купить мацу. Впрочем, нам не казалось также неправильным и то, что в великолепном готическом костеле были устроены продовольственные склады. Наверно, мы были просто, что называется, людьми с промытыми мозгами, которые настолько доверились кому-то, кто определяет все в их жизни, что потеряли всякое любопытство, пытливость, не имели никаких убеждений.

Какой интересный феномен, что во мне при таком прошлом вдруг «колом» встал «еврейский вопрос». Откуда бы ему взяться, его не было 50 лет, мы—«русские евреи», были больше русскими, чем евреями. Его не было, когда на вопрос «есть ли Бог на свете?», мы привычно отвечали «положительно»: «Да, Бога нет». Но когда появился на горизонте какой-то бог, то возникла сразу же еврейская ревность— а что это за бог, наш ли он или чужой—русский. Культуру мы можем делить и считаться русскими можем, но Бога—нет, делить не можем, у нас должен быть свой—еврейский. Все сразу изменилось, и эта припудренная «русскость» тут же слетела, как краска, нанесенная на нечистую поверхность. Я даже не берусь судить хорошо это, или плохо, и что, вообще, это за явление человеческой души, но это произошло со мной, это было . . .

Продолжение будет в следующем поэтическом сборнике, над которым я уже работаю. До встречи!

Мой бесценный читатель!

Я бы не считала свой труд законченным, если бы не дала возможность каждому, кто дойдет до этого места, радикально изменить свою жизнь. Может быть, вы мечтали о великих переменах в жизни? А кто об этом не мечтает? Так вот, эта минута может стать началом великих перемен.

По закону сеяния и жатвы, чтобы получить что-то новое, надо сделать что-то новое. Что-то, что вы еще никогда не делали в вашей жизни. Я знаю, что вы уже согласились, что Бог есть . . . где-то. А сейчас я хочу, чтобы вы впервые пригласили Его в свою жизнь. Заранее скажу, что Бог не только не будет возражать, но Он с нетерпением ждет этого момента, как ждет отец возвращения блудного сына. Скажу также, что сделать это очень просто. Я думаю, вы давно бы сделали, если бы знали, как это просто и насколько это важно. Ведь всегда лучше быть с Богом, чем без Него. Он—наша защита и опора. Кто же добровольно откажется от опоры и защиты в своей жизни?

Итак, я думаю, вы готовы повторить за мной молитву. Единственное условие—искренность. Ваша искренность—гарантия того, что великая перемена в вашей жизни получит старт.

Господь, я прихожу к Тебе в молитве такой, как есть, другим я стать так и не смог. Я признаю, что я грешник. Прости меня за все мои грехи и ошибки, которые я делал осознанно или нет. Я признаю искупительную жертву Сына Твоего и прошу Тебя сегодня—будь моим Спасителем. Я открываю двери своего сердца для Тебя и приглашаю войти и быть Господином моей жизни. Я отдаю Тебе свою жизнь. Пусть Твоя чистота и святость придут, пусть Твоя благословляющая рука будет на мне во все дни моей жизни. Спасибо за любовь, за то, что Ты слышишь меня.

Эта короткая молитва называется молитвой покаяния, и именно она является ключом к прекрасным переменам в жизни каждого человека.

Даже, если вы ничего не почувствовали после этой молитвы, знайте, вы встали на дорогу новой жизни. Не останавливайтесь, счастливого пути!

Звоните, пишите, всегда и во всем ищите Бога. Кто ищет, тот всегда найдет!

В тот самый момент, когда я окончила писать призыв к молитве покаяния, я сердцем почувствовала, что это было то самое главное, собственно, для чего и создавалась эта книга. Для этого я неоднократно кроила и перекраивала все заново; работала над каждой строчкой, словом и буквой, над каждой запятой, сверяя написанное с голосом моего Вдохновителя; для этого ломала свой характер, наступая на горло трусости, малодушию, страхам, сомнениям, вторгаясь в неизвестные мне доселе поля издательской деятельности; для этого молилась по ночам за потенциального читателя, а днем зарабатывала на тираж. Все перечисленное я делала и буду делать опять и опять для того, чтобы иметь долгожданную возможность, право и честь написать в конце книги призыв к молитве покаяния и услышать хотя бы об одной измененной жизни.

С любовью, Лариса Хоменко
1-267-307-1349
Larisakhomenko@yahoo.com

Лариса Хоменко

Лариса Хоменко
Поэтические дневники. Тетрадь 2.

Larisa Khomenko
Poeticheskie dnevniki. Tetrad 2.

Корректор: Римма Карунц
Proofreading: Rimma Karunts

Об авторе

Лариса Хоменко окончила Львовский политехнический институт и Государственные Курсы иностранных языков, много лет посвятила гимнастике, выполнив норму мастера спорта, получив более десятка грамот и наград. Но любовь к писательскому делу оказалась сильнее всего.

Она пишет давно и много: в течение семи лет была редактором одной из русскоязычных газет в Америке. Автор двадцати пяти опубликованных газетных редакционных статей, она перевела и отредактировала книгу известного американского евангелиста Билла Фея, выпустила авторский поэтическо-музыкальный диск «Первый свет», написала около девятисот стихотворений. Некоторые из написанных стихотворений стали песнями, некоторые войдут в новый сборник, он сейчас готовится к публикации, но большинство из написанного еще ждет своего звездного часа в компьютерных «запасниках».

С 2007 года Лариса Хоменко плодотворно сотрудничает с русскоязычной газетой Русский мир (штаты Массачусетс и Коннектикут), ежемесячно подготавливая там страницу под рубрикой «Зеркало души».

В сентябре 2007 года вышла первая книжка «Ах ты, ежик»—детская, поэтическая, иллюстрированная, двуязычная —стала первым плодом сотрудничества с переводчиком Робертом Дэпом и иллюстратором Людмилой Ивановой.

В 2008 году вышла первая книга из серии « Поэтические дневники», сейчас вы держите вторую книгу из этой серии.

2009годзавершилсявыпускоммузыкальногодиска «Благодарю Тебя и славлю», который включает 16 песен, написанных композитором Марией Гуральник на слова Ларисы Хоменко, исполнитель—группа прославления церкви «Посольство Божье» города Филадельфии под руководством Ирины Михайлик.

Лариса Хоменко живет сейчас в Филадельфии, у нее двое взрослых детей и двое внуков.